二战经典战役纪实

横扫西西里

THE BATTLE OF SICILY

二战经典战役编委会·编译

中国铁道出版社有限公司
CHINA RAILWAY PUBLISHING HOUSE CO., LTD.

前言 | 横扫西西里
The Battle of Sicily

1942 年末，战争形势已经发生了根本性的转变，盟军在北非势如破竹，美英联军登陆北非摩洛哥和阿尔及利亚。至 1943 年 5 月，多谋善断的艾森豪威尔将军和具有血胆英豪之称的巴顿将军率领的美军，与亚历山大和蒙哥马利率领的英军密切配合，一举击败北非的德意联军，并俘虏了 13 万意军和德军。具有"沙漠之狐"之称的德军隆美尔将军已经回到德国，但为他赢得荣耀的装甲军团和步兵部队已荡然无存。意大利失去北非最后一块殖民地，即 1912 年从奥斯曼土耳其帝国夺取的利比亚。轴心国经历了对非洲的侵略到失去的轮回，除了丧失几十万大军之外，似乎什么也没有得到。但盟军已经完成了对德意轴心国的包围，下一步的行动只需在欧洲大陆进行。远在莫斯科的斯大林一直对盟军迟迟不发动对欧洲大陆的进攻行动而恼火，并一向对北非行动不抱希望。现在，斯大林主动放下身段，向丘吉尔写信祝贺，并提醒丘吉尔："希望这并不意味着阁下放弃在莫斯科许下的 1943 年春于西欧开辟第二战场的承诺。"他不放过任何机会提醒盟友要履行义务，为取信对方，他向丘吉尔通报了苏军将在东线采取的作战策略。丘吉尔则对"将万世流芳的斯大林格勒保卫战"褒扬有加。但对斯大林的要求，并没有明确地表态。1943 年 3 月 30 日，丘吉尔告知斯大林，由于德国潜艇袭击造成的巨大损失，英美决定暂停向苏联摩尔曼斯克及阿尔汉格尔斯克两大港口运送物资。第二天，做好最坏思想准备的丘吉尔接待了携斯大林信件前来的迈斯基。出乎意料，斯大林在信中先是就北非取得的新胜利再次向丘吉尔道贺，而后畅谈了他对丘吉尔赠送的礼物——电影《撒哈拉》的观感："这部片子将英国人抗击法西斯的过程拍得栩栩如生，击中了那些造谣中伤者的软肋，苏联也不乏这类人，他们认为英国根本没有作战，只是对战争作壁上观。"

  对于苏联方面统帅斯大林对盟军迟迟不肯在欧洲大陆开辟第二战场，以减轻苏联方向作战压力的明嘲暗讽，盟军方面并不是不清楚。相反，他们心里还有一丝险恶的用心，那就是冷静地看着苏德两军实力在战场上激烈地消耗，试图获得渔翁之利。然而，苏军强大的战争潜力，尤其是在斯大林格勒的辉煌胜利，使英美十分清醒地意识到苏军已开始从战略防御阶段转入战略反攻，如果还不迅速着手筹划与准备在欧洲大陆开辟第二战场，而眼睁睁看着苏联击败德国，重新规划战后欧洲格局，这将对英美两国的利益十分不利。对于崇尚国家利益至上的西方现实主义政治观来说，是不允许出现这种损害自身国家利益的局面出现的。现在问题的关键是面对整个欧洲大陆从哪里着手开辟第二战场，什么时间开辟第二战场，是否有实力开辟第二战场，由谁来主导并指挥这场史无前例的大规模的两栖登陆行动。

战役备忘 | 横扫西西里
The Battle of Sicily

亚历山大 | Alexander Klarode

从来不值得一提的那些防守海岸的意大利师，几乎一枪未发就瓦解了，而那些野战师则一遇到同盟军就像迎风扬糠那样四散逃跑了，大规模投降是常有的事。

坎宁安 | Andrew Browne Cunningham

这次罕见的船队大集中，体现了高度的准确性。这是历史上最大的一次两栖作战。

艾森豪威尔 | Dwight Eisenhower

如果我们的目的在于扫清地中海的航路，我们就必须进攻西西里岛。

凯塞林 | Albert Kesselring

西西里失守，政治影响非同小可，它将给墨索里尼政权以致命的一击，因为西西里自古以来就是意大利的一部分。

★ 战争结果

盟军共伤亡失踪 31,158 人，德意军损失 165,000 人，其中包括 13.2 万名俘虏。盟军占领西西里岛，打开了直接进攻意大利的大门，虽然没能消灭德军大量有生力量，但达到了迫使意大利退出战争的政治目的。1943 年 7 月 25 日，墨索里尼被迫下台。

★ 战役之最

a．是在不良水文气象条件下进行的夜间海空联合登陆，是首次进行由岸到岸的登陆和大规模空降。b．班泰雷利亚岛的陷落，在历史上第一次体现为单独由空中作战造成一个岛的投降。c．盟军从此在地中海畅通无阻，打开了登陆欧洲的大门。

★ 作战国家

★ 作战将领

艾森豪威尔 | Dwight Eisenhower

美国陆军五星上将。第二次世界大战爆发后，历任副团长、师参谋长、军参谋长、集团军参谋长。1941年晋升为准将。1942 年 6 月任欧洲战区美军司令。同年 11 月作为北非远征军司令，指挥实施北非登陆战役。1943 年 2 月任地中海战区盟军司令。1943 年 12 月任盟军远征军最高统帅。1944 年任诺曼底登陆战役最高指挥官，同年 12 月晋升为陆军五星上将。

盟 军

美国第 7 集团军，英国第 8 集团军，总兵力约 47.8 万人，600 辆坦克和 1,800 门火炮，作战飞机 3,680 架，运输机 1,500 架，作战舰艇 500 余艘，登陆舰艇和运输船约 2,700 艘。

凯塞林 | Albert Kesselring

德国空军元帅，参加过第一次世界大战。1933 年起在空军任职。1936 年任空军参谋长兼空军第三军区司令。1938 年任第一航空队司令。1941 年至 1945 年在意大利地中海地区任西南集团军总司令。1945 年 3 月至 5 月任德国西部战区总司令。后被英国俘虏。1947 年 5 月被判死刑，后改为无期徒刑。1952 年释放。1960 年 7 月逝于巴特瑙海姆。

德 国

意大利第 6 集团军、德国第 14 装甲军，总兵力 26 万余人，飞机 1,400 架，水面舰艇 200 艘，潜艇 16 艘。

★ 战争意义

西西里岛登陆战役是英美在第二次世界大战中继北非登陆后联合进行的第二次大规模登陆，也是第二次世界大战中规模最大的登陆战之一。盟军以损失微小的代价实现了"爱斯基摩人"计划的大部分目标，占领了西西里全岛，使同盟国在地中海的交通线安全得到保障。西西里岛登陆战役的胜利，促使墨索里尼垮台，极大地提高了同盟国在中立国家心目中的地位。由于西西里岛被盟军占领，德国人彻底丧失了在地中海的制海和制空权，地中海实际上又成了盟军的"内湖"。

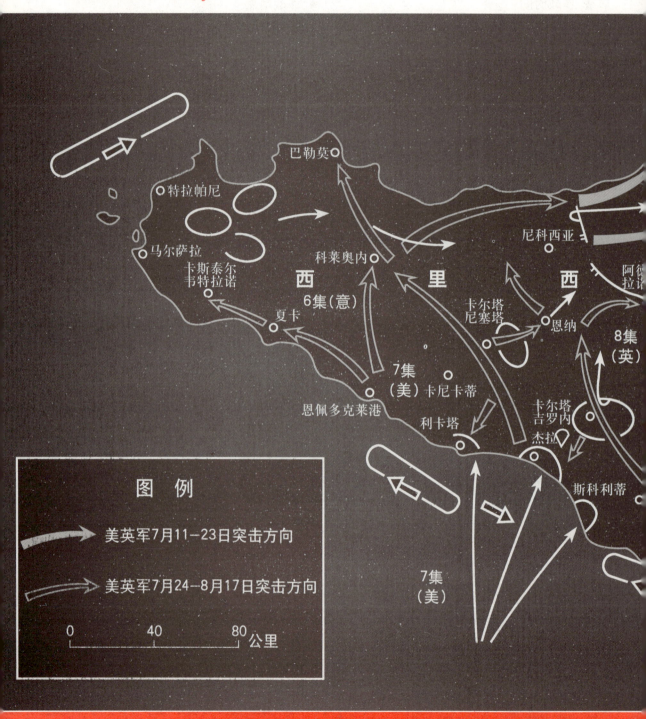

巴勒莫

特拉帕尼

尼科西亚

马尔萨拉

卡斯泰尔
韦特拉诺

科莱奥内

阿德拉诺

西

里

西

6集（意）

卡尔塔
尼塞塔

恩纳

8集
（英）

夏卡

卡尔塔
吉罗内

7集
（美）

卡尼卡蒂

杰拉

恩佩多克莱港

利卡塔

斯科利蒂

图 例

美英军7月11~23日突击方向

美英军7月24~8月17日突击方向

0   40   80 公里

7集
（美）

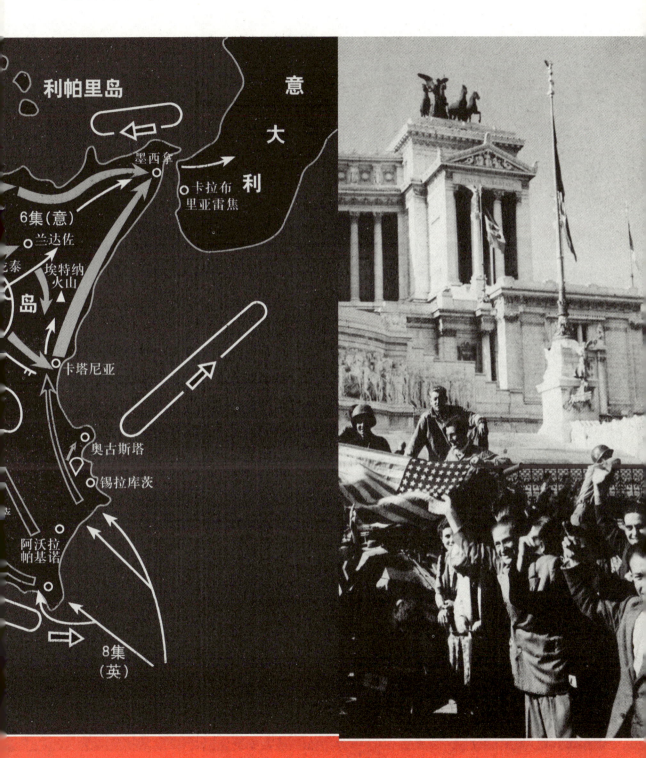

★美英军西西里岛登陆战役经过要图。

目 录 | 横扫西西里

The Battle of Sicily

第四章　抢滩登陆

你难以想象参加西西里岛登陆作战的舰队到底有多大的规模，在地平线上它像一座遥远的城市，覆盖半边天际，昏暗色伪装的船只与深色海水的曲线相映衬着，并不明显。但一看就知是一支强大的编队，即使其中的一小部分也足以令人生畏，我希望所有的美国人都能看到这一壮丽的景观……

第五章　鏖战西西里岛

以尽快的速度，向一切可以推进的地方前进……要迅速地、无情地、勇猛地、无休止地进攻……

第六章　抢占墨西拿

任何战术情况都没有什么现成的应付办法。只有一条战术原则是永恒不变的。这就是：用手中的一切手段在最短时间内给敌人造成最大的伤亡和破坏……

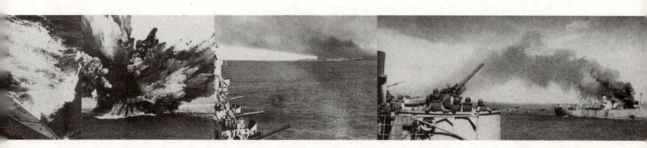

▲ 罗斯福、丘吉尔在卡萨布兰卡会议上接受记者采访。

第一章

开辟第二战场

　　妥协是一门具有极高价值的艺术，是在不能获得全部利益的条件下，获取最佳利益最好的方式。

——西方谚语

No.1 妥协的会议

　　世界上许多事情都是这样的，人们在目的上并没有根本性的分歧，所存在的最大的差异往往在于采取的途径和方法。第二次世界大战期间，以美英为首的同盟军在尽快打败德意为核心的轴心国，迅速结束欧洲战场的目标并无二致，但在研拟如何以最佳的策略击败轴心国，盟军内部一直争执不休。

　　1943 年 1 月中旬，正当美、英军在北非登陆成功，进攻取得胜利的时候，在刚刚从法西斯魔爪下解放不久的摩洛哥濒海城市卡萨布兰卡（现名达尔贝达），迎来了两位神秘的人物"P 先生"和"将军"，他们在严格保密的情况下商讨北非胜利后的作战方针，并初步商定突尼斯的军事行动结束后，下一步的进攻目标。他们就是第二次世界大战中三巨头其中的两位，"将军"就是美国总统罗斯福，而"P 先生"则是英国首相丘吉尔。

　　1 月 12 日，丘吉尔先期到达这座饱经战火洗礼的城市。卡萨布兰卡为这位临危受命的英国人及其随行人员提供了安静的住所。但为了安全起见，丘吉尔还是将守卫换成自己的保安部队。这位首相在战争结束以后回忆说："我和庞德还有另外两名参谋在岩崖和海滩上作了几次愉快的散步。惊涛拍岸，卷起巨浪，这使人难以相信竟会有人从海上登上滩头。没有一天是风平浪静的。高达 4.5 米的巨浪以排山倒海之势冲击着巨大的岩崖。难怪有那么多登陆舰艇和小艇连同士兵被弄翻了呢。"丘吉尔的这段描述既反映了当时他本人在战争期间，由于该地环境迷人而产生的一种愉快心情，也表明了两个多月以前美军在卡萨布兰卡的登陆作战确非易事。

　　美国总统罗斯福于 1 月 14 日下午到达卡萨布兰卡。公务繁忙的罗斯福不远万里从华盛顿起飞来该市，没有丘吉尔游山玩水的闲心，到达卡市的当天就在安法兵营举行联合参谋会议，讨论紧张的战争形势和下一步的作战计划。所谓联合参谋会议，是根据英美两国的协议而建立的最高军事领导组织。1941 年 12 月，英国首相丘吉尔及其陆海空军参谋长访美，双方在会谈时，提出建立一个盟军联合指挥机构。在第二次世界大战中，英美两国军队的运用，是在统一的战略下实施的，而统一战略的制订，出自联合参谋会议。在作战问题上，凡是涉及到两国各部队战略指挥、兵力物资分配、情报的使用、交通的协调以及对占领区的管理，均由联合参谋会议负责协调。参加本次联合参谋会议的都是英美双方的军界精英人物，美国方面有：马歇尔将军、海军上将金·阿诺德将军；英国方面有：艾伦·布鲁克将军、庞德将军、空军元帅波特尔。这次会议的主要议题是：美英法军队已从东西两面对突尼斯的德意法西斯军队形成包围之势，胜利在向盟国招手，而当盟军击溃这股敌军之后，下一步的行动计划是什么？

　　两国的三军参谋长讨论这个问题时，产生了严重的分歧。美军希望"把地中海的这一插曲赶紧结束"，以便抽出手来一举打过英吉利海峡，开辟第二战场。英军认为，横渡海峡是一场无谓的冒险，可能会引起灾祸，不如从意大利的西西里岛开刀，将"利剑"刺向敌人的"软腹"。在会议上，丘吉尔和布鲁克、蒙巴顿等人极力主张通过所谓出击欧洲软腹部的"巴尔干战略"。

　　何谓"巴尔干战略"？根据戴高乐的确切说法，该战略的要旨是：在地中海，"英国既想捍卫它在埃及和所有阿拉伯国家，如在塞浦路斯、马耳他、直布罗陀已夺占的阵地，还打算在利比亚、叙利亚、希腊、南斯拉夫夺占新的阵地。正因为如此，英国才极力把英－美联合进攻的矛头指向该战场的翼侧"。同时，丘吉尔想利用在次要方向作战的时机来积蓄力量，以便在战争的最后阶段向德国进攻，摘走这枚诱人的桃子。

　　作为丘吉尔参加这次会谈的主要助手之一，蒙巴顿在鼓吹"巴尔干战略"方面颇为卖力。他对美国人说："苏联人不是一直要我们尽快开辟第二战场吗？英国认为第二战场的地点不仅仅是苏联人限定的法国，谁能否认我们在地中海和巴尔干采取进攻行动就不是开辟第二战场呢？"

　　英国坚持主张开辟第二战场的"巴尔干方案"，不仅是出于维护自己的势力范围和军事上的考虑，也是从政治上着眼。随着斯大林格勒会战即将结束，苏军的反攻已是势所必然。英国要先行一步，挡住苏军通向巴尔干之路，制止当地共产党力量的增强，巩固英国在地中海及其沿岸的阵地，保持它对近东的控制。为了把"巴尔干战略"具体付诸实施，丘吉尔此前提出过建立巴尔干－多瑙河联邦的设想，即巴尔干和多瑙河沿岸诸国联合的计划。该联邦应以保加利亚科堡王朝为首。其成员有：保加利亚、南斯拉夫、土耳其、希腊、阿尔巴尼亚。联邦对外应是一个独立的国家实体，而实际上则受英国领导。1942年1月，希腊和南斯拉夫流亡政府签订的政治联盟条约便是建立该联邦的一个步骤。当时在伦敦还签署了关于建立中欧联盟的波－捷协议，一步步地实现着丘吉尔的设想。罗斯福对自己的儿子埃利奥特说过："首相一有机会就提出经过巴尔干实施进攻的主张，这使所有与会者都十分清楚他的意图何在，他是想在中欧打进一个楔子，以便阻止苏联军队进入奥地利、罗马尼亚，如有可能，还阻止他们进入匈牙利。"

　　其实，丘吉尔本人也并不掩饰，他打算在巴尔干，打进一个"把欧洲和苏俄隔开的盟军楔子"，在苏联周围建立一条新的"防疫线"。美国记者拉尔夫·英格索尔曾形象地说："巴尔干就像一块磁铁，无论罗盘怎样抖动，英国战略的指针始终指向它。"因此，英国代表团在这次"非洲白宫"会议上的一项目标是：协调同美国的立场，再次推迟在西欧开辟第二战场。

虽然按照苏联人的说法，英美两国政府因未履行 1942 年开辟第二战场的义务，而向苏联明确许诺过在 1943 年开辟第二战场。

对此主张，美国人表示了强烈反对，美国认为盟军应集中全部力量，直接在法国北部开辟第二战场，如果继续在南欧地区进行小打小闹，势必影响在法国北部的登陆计划，那将使苏军面临巨大压力，甚至可能遭到失败的命运。美国更担心盟军主力进入与美国利益无关却与英国利益密切相关的地区，被英国拖入欧洲国家间复杂纠纷之中，也就是所谓"天真的美国人被狡猾的英国人所利用"。

这场战略争执是相当激烈的。美军统帅坚持尽可能尽早登陆法国作战，持反对意见的英军则主张"巴尔干战略"；美军参谋确信全力自法国登陆开战有其必要，也可以早日结束在欧洲的战事，此时不应有其他军事行动分散兵力妨碍延后登陆法国；英军战法是：把大规模盟军陆军训练成数批海军陆战队在地中海自意大利多处登陆，打几场限制兵力、不至于"一次投入重兵"导致伤亡过重的会战，渐次推进内陆是可行且切合实际的。

对此，英国总参谋长艾伦·布鲁克元帅指出，德国目前无须从苏德战场抽调兵力就可在法国北部集结至少 44 个师，而盟国还没有能够对抗这 44 个师的兵力和登陆舰艇，第一次世界大战的加里波利和 1942 年 8 月第厄普两次登陆战的教训，充分说明登陆作战的艰巨性，盟军各方面都根本没有做好在法国北部实施登陆的准备，但也不应该在 1943 年无所作为，最佳的方案就是以现有的兵力采取有限的作战，分散、牵制和削弱德军，支援苏军的作战，同时为在法国北部登陆做好准备。而地中海地区则是实施这一方案的最理想地区，因为盟军已在地中海战区集结了强大的兵力，掌握了该地区的制空权和制海权，可以在地中海北部沿岸地区任意选择登陆地点，从希腊到法国南部的地中海沿岸，是轴心国极其敏感却又脆弱的地区，加之意大利由于阿尔卑斯山脉的天然阻碍，交通不便，在两周时间里只能向意大利运送 1 个师，而中欧和西欧交通便利，在同一时间里可运送 7 个师！因此在地中海地区实施登陆的成功可能性要比在法国北部大得多，一旦登陆成功，还有迫使意大利退出战争，促使土耳其加入盟国一方的可能，可谓一举多得。

艾伦·布鲁克元帅以两栖作战专家的身份，在会谈中旁征博引的发言实在太精彩，连美国海军作战部长金海军上将和陆军航空兵（即美国空军的前身）司令阿诺德上将两位重量级的人物都转向同意英国的方案，美国参谋长联席会议主席马歇尔上将只得同意 1943 年先进攻西西里岛。但他担心如果继续进攻意大利亚平宁半岛将会影响在法国北部的登陆，因此要求进攻只限于西西里岛，英国也做出了让步，同意只在西西里岛登陆。

这样，在卡萨布兰卡会议上盟军达成了重要战略折中方案：把跨越英吉利海峡的作战推迟到 1943 年以后，而美国则保留它在太平洋上的主动权。这个折中方案包含着一个内容，就是攻克的黎波里和突尼斯之后，攻占西西里。

因此，西西里岛战役实际上是英、美两国政治争论和妥协的结果。尽管在战胜轴心国的目标上是一致的，但美英考虑到自己的实际利益，不得不在实现途径上据理力争，最后的结果必然是妥协。在西方文化中，妥协是一门具有极高价值的艺术，是在不能获得全部利益的条件下，获取最佳利益的最好方式。西西里岛登陆作战是美英妥协的产物，但苏联政府却不这样认为，斯大林认为卡萨布兰卡会议对解决第二次世界大战中联盟战略的主要问题是毫无建树的，进攻西西里岛是一个很不起眼的作战行动，并强调这次会议又是一次狡猾的英国人的外交胜利，但也无可奈何，仅能停留在口头抱怨而已。《真理报》援引那位美国记者拉尔夫·英格索尔的话说："卡萨布兰卡会议是一次折磨人的难产的会议……最后只生下了一个西西里岛小老鼠。"

No.2　艰难的筹备

1 月 20 日，英方拟制出西西里岛登陆的粗略作战计划纲要——代号为"爱斯基摩人"。其兵力由驻近东的英国部队和驻北非的美国部队组成。1 月 22 日同盟国参谋长联席会议决定将 7 月 25 日定为 D 日。美国陆军中将艾森豪威尔（2 月晋升为上将）被推选为北非战区的最高司令官。1 月 23 日，同盟国参谋长联席会议在全体会议上宣布了向他下达的关于"爱斯基摩人"作战的如下训令：

1943 年将发动对西西里的进攻，登陆日期定在 7 月合适的月相期间……任命你为最高司令官，英国陆军上将亚历山大为副司令官，英国海军元帅坎宁安为海军司令，英国空军上将特德为空军司令。你应将关于东部和西部特混舰队司令人选的荐任书呈报同盟国参谋长联席会议。你应与陆军上将亚历山大协商，立即建立专门的作战和行政司令部……以便进行作战的计划和准备工作。

同一天，英美参谋长联合委员会向美国总统罗斯福和英国首相丘吉尔递交了《1943 年作战方针》，明确规定肃清北非的轴心国军队之后，攻取西西里岛，战役发起时间不得迟于 1943 年 7 月。这样，经过方方面面的协商，确定了登陆最佳时机为 7 月 10 日。因为陆军计划用伞兵部队实施先头突击登陆，而伞兵部队希望在月光下着陆，地面部队则希望在没有月光的拂

▲1943 年时的艾森豪威尔。

▲1943 年，艾森豪威尔与巴顿在一起。

晓前上岸夺取登陆场。7月份只有10日能够满足这两个要求：月亮将照明空降，但在地面部队登陆之前已经西沉。

既然最初登陆西西里岛只是在西欧开辟第二战场的替代品，那么准备工作的积极性就可想而知了，甚至在作战计划制订上，也慢慢吞吞地像蜗牛爬行，没有人看好西西里岛战役是否会真的行动。最根本的原因还是如上所述英美战略上的分歧，美军仍对英军的地中海战略持异议。总统罗斯福要求美军保持在欧洲战场的主导地位及希望把意大利抽离战事，盟军决定在不影响主要战线作战的情况下对意大利采取军事行动，令意大利脱离敌军阵营也能促使英国皇家海军重新掌控地中海。这也意味着战略上德军必须把苏联东战场上的军队调回保卫意大利及法国南部，也等于帮了苏联一个大忙。还有另外一个原因就是，当时非洲作战正处于最后的关键阶段，像亚历山大（领导着第18集团军群）、蒙哥马利（领导着第8集团军）、巴顿（领导着美国的第2军）、布莱德雷（巴顿的副手）、特德（担负盟军空军作战职责）等都把全部精力用于正在进行着的战争上去了。因此，西西里岛登陆作战的计划工作不得不委托给代理的参谋人员去做。这些参谋人员都有职无权，因为在英国的军事系统中，这种权力只有担任指挥官职务的人才具有。而美军的制度与英军不同，一个代理指挥官职务的参谋军官即具有指挥官的权力。但是在制订一个战役计划时，即将指挥这个战役的人通常需要在尽可能早的阶段参与计划的制订工作，否则，当战场指挥官可能会坚决要求对计划作某些或大或小的改变时，一个周密制订的计划马上会被打乱。这就是"爱斯基摩人"作战行动计划将要碰到的事。后来在进攻西北欧的"霸王"作战行动计划时，这样的事情也是循着类似的、几乎不可避免的规律发展。这是因为一流的最高级作战指挥官为数很少，很可能当需要他们来指挥下一个战役的时候，他们还忙于上一个战役的收尾工作。

造成耽误还有其他一些原因，如准备参加"爱斯基摩人"作战行动的有关人员尽管具有多方面的经验，但对于这种作战还都很不熟悉。他们正在准备进行的战役乃是自的黎波里战役以来的第一次大规模的两栖作战，需要许多新的技术、新的装备。比如，美国水陆两用卡车在紧急关头到达，就对在开阔的海滩上卸载物资产生了巨大影响。登陆艇的驾驶员为了第一次在实战中使用登陆艇必须进行紧张的训练（驻英国的联合作战司令部为他们的训练进行了周密的准备）。空降部队的使用必须仔细计划，拖曳飞机和伞兵搭载机的驾驶员必须提高技术熟练程度，因为大多数这类飞机的驾驶员平常都是执行其他方面的任务（在登陆作战时，由于疏忽了这个重要问题而导致惨剧发生）。所有上述问题美军也同样具有。

此外还有其他一些问题，例如，极其重要的情报问题。情报问题的核心：西西里岛上究竟有多少德军，都是什么兵种？这是一个困难的新问题，能否解决这一问题关系到战役的成败。在陆上战役中，通过前线巡逻、捕俘以及其他可以得到的情报，通常都能够对敌人的实力和部署作出概略的估计。现在，与敌人接触不上，而"无人区"则是大海。但是特德正在组织广泛的、持续的空中侦察活动，因此可以通过航空照片对这个岛屿的25,900平方公里的土地进行全面而详细的调查。这个岛大约160公里的海岸线也必须加以仔细调查，以确定哪些海滩适宜登陆，哪些不适宜。调查表明适宜登陆的海滩一共有36个（其中26个实际已使用过）。但是据认为，只有两个海滩具有一切必要的设施。因此，计划人员主要考虑的两个重要问题是如何夺取一个或几个港口以及如何实施有效的空中掩护。他们设计出了一些获取情报的巧妙方法，例如，发明了一个确定海滩坡度的数学公式。根据航空照片计算一定风力条件下的两个浪峰之间的距离，就可以算出海滩的坡度。而仔细检查开罗电信中心发给70万意大利战俘的邮件则大大地有助于了解敌人的战斗序列。

尽管有这么多困难，卡萨布兰卡会议结束后盟军还是组织了一套参谋班子开始制订"爱斯基摩人"行动计划，计划工作由盟军司令艾森豪威尔亲自负责，计划小组开始在伦敦工作，

▼1942年，艾森豪威尔为巴顿佩戴上第三颗将星。

后转至北非，此计划小组后被命名为"141"小组。巴顿在2月份也参加了计划工作，于3月5日离开此小组去阿尔及尔接管美军第2军。"141"小组的直接负责人是英军少将查尔斯·亨利·盖尔德纳，他曾是皇家骑兵队成员，在战争中曾率第6装甲师参战，有实战经验，并因1941年在埃及制订作战计划而闻名。计划小组先后拟定了7个方案，但都被有关部门否决了。

4月中旬，盖尔德纳的"141"小组完成了"爱斯基8号"方案，这个计划搞得很出色，与这次行动有关的高级将领艾森豪威尔、坎宁安海军上将、特德空军上将看了后都大加赞赏。西西里岛地形崎岖不平，平原极少，山地多而险恶，易守难攻，因此，盟军在进攻时至少要夺取两个主要港口，以便给在纵深地区作战的部队提供物资补给。墨西拿是西西里的一个主要港口，由于它邻近意大利本土，现在成为西西里战役中的战略要地。它在这个奇形怪状的三角岛的顶端，海峡只有3公里宽，可以在这儿把德军装进口袋围困住，否则，德军会从这儿撤走。可是盟军却不得不放弃这个港口，因为这里有重兵把守，距意大利本土太近，敌人可以迅速得到大量的支援，这里对盟军的战斗机来说，距离也太远。于是，计划选择了另外两个港口——东面的锡拉库萨和西北角的巴勒莫。计划规定由蒙哥马利的第8集团军攻占锡拉库萨，由巴顿的第7集团军攻占巴勒莫。盟军选择这两个港口的理由是：锡拉库萨不仅有良好的港口设备，而且自古以来它就是战略要冲，古代雅典大将埃尔西比亚德斯在希腊伯罗奔尼撒战争中就说过："如果锡拉库萨失陷，整个西西里就会失陷，紧跟着意大利也会失陷。"此海港虽然比较小，但占领后可以迅速扩建，它具备各种扩建条件。巴勒莫港也具备良好的港口设施，供船靠岸的岸线很长，这样，空军也能够很好地配合陆军行动，这里敌军防守也较薄弱。从心理战上说，巴勒莫也是一个重要目标，因为它是古代西西里王下榻的地方，又是西西里岛的首府。这两个港口占领后，盟军还可发展战果，东西对进，夹击墨西拿。

4月中旬，巴顿离开突尼斯来到阿尔及尔时看到这个计划，十分赞赏。他出任美国第7集团军司令后，便积极筹划和制订第7集团军作战的具体细节。他鼓励参谋们加紧工作，雄心勃勃地准备大干一场。

No.3　蒙哥马利的反对

进攻西西里岛的"爱斯基8号"方案获得了地中海盟军首脑——最高司令艾森豪威尔、陆军司令亚历山大、海军司令坎宁安、空军司令特德一致同意与批准。然而，当这个得到众多将领垂青的"爱斯基8号"方案放到英国北非名将蒙哥马利面前时，他却明确表示反对。蒙哥马利虽然只是一个地面部队的指挥官，但对于陆战决定战争胜负的"二战"战场上，陆军将领的意见往往比其他军种的将领说话的分量要重得多。4月24日，蒙哥马利给亚历山大发了一份很长的电报："我认为伦敦制订的这个计划背离了实际作战的一切常识性规则，完全是理论性的。它没有任何成功的希望，应当重新制订。"进一步指出：一、所有的计划都有毛病，因为每一个人都想从自己制订的永远不可能获得成功的计划中获得好处；二、蒙哥马利坚决要求制订他自己的集团军的计划；三、第8集团军必须在锡拉库萨和南部的帕基诺半岛之间登陆。他补充说："我不能判断这种解决办法会对整个战役产生什么影响。"接着，他就动手来制订计划。从这时起到计划制订出来和最后被接受为止，连续进行了许多次曲折复杂的辩论。蒙哥马利始终认为，西西里战役的关键问题是适当地集中兵力，成功地夺取包括卡塔尼亚、锡拉库萨和奥古斯塔等港口在内的西西里岛的东南角。但同时他也认为，如果放弃夺取其他港口和机场，也是错误的。

4月29日，亚历山大决定在阿尔及尔举行会议，蒙哥马利因卧病在床，便让奥利弗·利斯代他前往。从会议上的审议情况看，蒙哥马利的解决办法产生了很大的影响。特德拒绝了蒙哥马利的计划，理由是，按这个计划不能夺取大量机场，并且不能保证获得空中优势。而坎宁安则认为，这个计划不能保护靠近海岸的船只免遭空袭。但亚历山大认为，从陆军的观点来看，这个计划的基本概念是正确的。于是，所有困难又推给了协调能力极强的总司令艾森豪威尔，他于5月2日主持召开了一次最高级会议，将英美双方将领召集一起，共同听听蒙哥马利的高见。在会议上，蒙哥马利提出了一个全新的计划。他旁若无人，滔滔不绝地阐述自己的计划：

我知道在很多人心目中，我是个令人讨厌的唠人物，大家有这种想法一点也没错。我自己虽然也曾想尽了办法，不要这样唠得令人讨厌。不过，因为我在这次大战中曾亲眼目睹过太多的错误和太多的悲剧，所以才如此挺身而出，才想尽办法不使这些错误和悲剧重演；我之所以惹人讨厌，其道理也正在此。假如我们在西西里方面再遭到一次悲剧性的打击，则其后果将不堪设想。

蒙哥马利首先对自己逆天下之大不韪的观点进行道德上的辩护，把自己放在道德制高点上。然后，才开始阐明自己的作战计划。

目前我们在占攻西西里的计划制订方面，已经到了非常严峻的阶段。除非在最近几天之内作出决定，否则，能否在7月间发起攻击将是个问题。我身为西西里登陆的军团司令官，

▲1943 年 3 月，蒙哥马利与刚晋升四星上将的地中海盟军最高司令艾森豪威尔在北非。

▲ 西西里战役之前，亚历山大在与巴顿等一起视察部队。

今天很想能利用这个机会，将我所考虑到的问题给各位做个扼要说明。

这个问题有三点：

（a）西西里的攻略，完全要靠地面部队的有效作战。

（b）这些地面部队必须要靠海军才能到达那里。到了那里之后，还要靠海军的支援才能够立足。

（c）非得空军的支援，这两件事才行得通。要想空军支援，则又非得迅速夺取一些合适的飞机场，以使空军飞行部队向前推进不可。"

4. 还有一点我们必须要弄清楚的是，敌人的抵抗将非常顽强，这次行动将是一场艰苦卓绝的战斗，我们必须要准备一场真刀真枪的厮杀。最要紧的是切忌分散地面部队的实力，兵力分散必将招致惨败。地面部队必须要完整、紧凑，每个军每个师彼此一定要布置在能相互支援的距离之内。

我们还得考虑应该用什么方法把地面部队送上岸去，地面部队的作战才能顺利展开，才能生存立足。所选定的登陆地区，必须要位于空军战斗机的掩护范围以内，我们必须要迅速攻占一处良好的港口，必须要替空军迅速夺取一些良好的飞机场。在人力物力有限的情况下，假如你们能使这个桥头堡含有一处优良的港湾以及你们所需要的飞机场，便可以说是非常的运气，尔后随着作战的进展，可能还会多攻占一些。因此，最重要的一点是在面临顽强抵抗的情况下，运用有限的人力物力，在登陆初期做到以下各点：

（a）保持兵力的集中状态。

（b）确保一处适当的地区，作为发展尔后作战的坚强基地。

（c）使初期作战能够获得从我们本身基地出动战斗机的密切支援。

我已经说得很清楚，将来桥头堡阵地的规模，要受到人力物力条件的限制。我们现在一定得弄清楚的是，初期桥头堡阵地必须包括那些最迫切需要的东西。

把以上原则，运用到西西里岛的东南部。第8集团军最需要的登陆海岸将位于锡拉库萨和帕基诺之间。这一带海岸地区具备我在前几节里所提到的一切条件，只有一个条件还不够。而这个条件的具备与否，却"事关重大"。在这一地区，既没有足够的飞机场，也无法阻击敌人空军从附近飞机场起飞来阻击我们的海运及一般作战任务的遂行。所有关系重大的飞机场都位于柯米索－杰拉间地区。根据空军当局的看法，所有这些飞机场必须纳入初期桥头堡阵地的范围。事实上，所有这些飞机场的意义，也正如我在前面所说的，"假如缺乏这些必要的东西的话，那么，整个的联合作战必定会垮得一塌糊涂。

今天我在这里一定得把事情说得明明白白毫无疑问，我绝对不会在这次作战里"分散兵力"，只要一分散使用兵力，就只剩失败一途。那么，西西里一地不但不是我们建功立业的场所，而且是同盟国家的第一流陷阱；这也正是德国人所欢迎的后果，也正是对同盟国的致命打击。要知道，这次作战的意义，并不仅仅在于攻占一些海滩，也不在于夺取一些飞机场或港口。而在于全部作战的空间——在于我们是在敌人国境之内遂行攻势作战，作战的目标，将含有飞机场和港口等，最后攻占全岛。

说到这里，各位也许会问，是不是还有变通的方案？

（a）你们可以将整个桥头堡向北推移，将卡塔尼亚地区和那个地区内的飞机场全包括在内。但这一行动范围，将超出我们战斗机的战斗半径，所以这一方案根本不能成立。

（b）你们可以将整个桥头堡向西推移，到杰拉湾地区。这样做固然能得到我们所迫切需要的飞机场。但是，港口问题仍然不能解决，同时，全部登陆兵力绝不可能在海滩上立足太久。

因此，问题的症结在于，我们所可能确保初期桥头堡阵地的规模。这方面的相关因素是：

（a）地面部队决不可犯分散兵力的毛病，我们必须占领一个港口。

（b）以现有的人力、物力而言，满足陆军条件的桥头堡绝不可能将空军认为势在必得的飞机场包括在内。

（c）据我所知，空军方面的观点是，必须立即阻止敌人使用这些飞机场，然后再尽快夺取，供我运用。除非能做到这一点，否则空军绝不可能保证初期作战以后的空援，就是说，登陆48小时后，他们将无力给地面部队以所要的掩护。

因此，这些飞机场势在必夺，可是我们根本没有达成此项目的充分的地面兵力。我们至少需要两个突击装载的师在杰拉湾登陆。

分析到这里，已经到了柳暗花明的地步，假如想要在西西里登陆成功，就必须以另外两个师的兵力于"D－日"在杰拉湾登陆。这样，所有陆、海、空三军的一切条件皆已具备，西西里登陆战定会成功。假如拿不出这两个师的兵力，那么基于空军的作战观点，我们很可能一败涂地。

总之，我认为应将巴勒莫地区的美军运用到杰拉湾方面，在杰拉湾的任何一方登陆。假如能按照这种构想作战，那么，西西里入侵战定会成功。

总之，蒙哥马利计划的本质就是要美国人放弃在战役初期夺取巴勒莫的主张，改为在南部的杰拉一带海岸登陆。而第8集团军则仍在他原来建议的地方登陆。他最充分的理由就是反对兵力分散。蒙哥马利拒绝作出任何让步。指挥部没有办法，只好接受了他的计划。

虽然蒙哥马利的计划基本上是正确的，但是具体登陆地点的选择却值得商榷。从当时的情况看，盟军如果在位于西西里岛东北部的墨西拿登陆，将更加出乎敌人意料，而且更重要的是从那里登陆将直接切断德意军队与意大利大陆的交通。这样，德、意军就只能往岛屿的西南部退缩，被迫投降，而不至于把他们从西西里岛赶回到意大利，让他们在那里继续与盟军作战。事后的战事发展证明，德国正是依靠从西西里岛撤退的10万军队抗击盟军对意大利本土的进攻，给盟军以后的进展制造了巨大困难。

　　蒙哥马利修改计划有说不出的苦衷，那就是在突尼斯战役中，轴心国军队的顽强抵抗使蒙哥马利充分体会到了轴心国军队的战斗力，他更加谨小慎微，认为仅以第8集团军的兵力，是无法同时夺取锡拉库萨的港口和机场的，因此他要求美军第7集团军改在杰拉地区登陆，掩护自己的侧翼，并从美军中抽调至少1个师加强第8集团军。但这样一来，攻占巴勒莫就会被推迟，英美参谋长联合委员会认为这是不可取的。实际上，蒙哥马利的意见是不公平和站不住脚的。从军事上讲，他把美军置于非常困难的境地，美军登陆的滩头

▼ 丘吉尔赴美与罗斯福协商进攻西西里计划期间，与两国高级将领合影。

▲ 墨索里尼的法西斯独裁统治，导致军事上的失利和国内经济危机，引起了意大利民众的强烈不满。

十分暴露，并且有沙洲障碍，大大增加了登陆的风险。美军只有一个小港可供依，托补给工作难度相当大。另外，从作战分工来看，英军第8集团军将要攻占的是锡拉库萨、卡塔尼亚、墨西拿等著名城市，而美军只能攻占杰拉、利卡塔等无名小镇。蒙哥马利的这些方案确实遭到了许多人的反对。空军上将特德对亚历山大直截了当地说："这会使13个机场落入敌人之手，使我们无法以空中行动来有效压制敌人，除非能尽早控制这些机场为我方所用，否则，我反对全盘作战计划。"英国海军上将坎宁安指出："亚历山大和蒙哥马利的新计划等于把美国人送入狼口，并且由于没有港口作依托而使他们的作战行动受到危害。"虽然几乎所有的人都认为蒙哥马利的做法不妥，但遗憾的是几乎所有的人最后都同意了他的修改意见，包括艾森豪威尔、亚历山大和其他高级将领。对于蒙哥马利新修改的这个计划，英国著名军事理论家利德尔·哈特曾做过如下评价，他指出：新计划"失掉了在一开始就占领巴勒莫港口的机会——要不是新型水陆两栖舟车和坦克登陆艇能够解决在海滩上维持补给的问题，那么势必产生严重的后果。这个重订的计划也失去了原计划中的分散敌人注意力的效果，因而倒使敌军在盟军登陆以后得以集中他们被冲散了的后备部队，并使其堵住盟军穿过岛屿山地中心地带的进军。如果巴顿在靠近巴勒莫的西北海岸登陆的话，他就很可能早已踏上作为败军补给线或退路的墨西拿海峡的那条路——这样一来，在西西里的所有敌军便可能都被围歼。结果却是让德国的几个师逃掉了，这对盟军的下一步进展有着极坏的影响"。

亚历山大在西西里战后的报告中写道："风险没有公平分担，差不多全部都落在第7集团军头上。从其他方面也可以看出，美军的任务出力大，得名小。我和我们的参谋们都觉得，这种分摊任务的做法，可能会引起某些不满的情绪，这是可以理解的。"

巴顿对此事尤其感到气愤，他怒火中烧，痛骂艾森豪威尔是美国人民的"叛徒"。他对参谋人员说："这就是你们的总司令不做美国人要做盟国人而使你们所得到的东西。"并高呼道："在这场战争中与英国人联结在一起是非常糟糕的。到目前为止，这场战争一直在为英帝国的利益而战，为战后的打算而战。现在人们根本就不管是不是为了赢得战争本身而战。"

亚历山大想知道巴顿对这次打击的反应。在北非战场上担任第18集团军群司令长官的亚历山大是巴顿的上司，巴顿十分尊重亚历山大将军。亚历山大将军也对巴顿充满了好感："他是一个活泼的汉子，两边胯下都佩有一把柄上镶有珍珠的手枪。他不像许多美国人那样显得友好和温和，他显得咄咄逼人，一提到'德国鬼子'，他就显得那样激动和感情冲动，有时怒不可遏，有时声泪俱下。"这一次，他决定当面把计划变动的情况告诉巴顿，他小心翼翼地询问巴顿："乔治，你可不可以对我谈谈你对新计划的意见？"此时的巴顿强压住怒火，两脚跟一并，敬了个礼，只说了一句："将军，我不搞计划，我只服从命令。"亚历山大听了巴顿的回答很是感动。现在的蒙哥马利是英国人心目中的民族英雄。战争初期德国将领们的光辉，使各国人民都急切地盼望出现自己的将星。蒙哥马利就是在英国人民殷切期待之下应运而生，成为人们心中尊敬的将领和崇拜的偶像的。虽然他的其他方面也许并不讨人喜欢，但无碍于他的名誉和威望。亚历山大也无可奈何。

此时的巴顿为何没有大发雷霆而默默地接受了这一事实呢？原因有三：一是他渴望参加战斗，特别是这样一场大规模战役更是他梦寐以求的，他不愿因卷入这场战略问题的争吵而失去这次良机。因为他清楚地记得，由于同海军的一场争吵，差点使他失去了北非登陆作战的指挥权；二是他知道自己是个军人，应该服从命令；三是因为巴顿和艾森豪威尔是"伙伴情谊"，他必须要为艾克的处境着想。经过冷静考虑，他认为艾克也是出于无奈才同意这份计划的。他很清楚自己的今天与艾克的支持和扶植是分不开的。因此，他不愿意公开违抗艾森豪威尔的意志。

No.4　蒙哥马利的用心

蒙哥马利推翻"爱斯基8号"计划的那些理由是用来遮人耳目的，他真正的用心却是在对荣誉的攫取上。自从美军参战以后，美英两军之间便出现了一种暗暗的竞争，双方都想在战争中获得更大的功绩和荣誉。在北非的战斗中，盟军中涌现出一大批杰出将领，其中蒙哥马利是英军的佼佼者，而巴顿则是美国人的骄傲。他们两个孰强孰弱？这不仅关系到他们个人的荣誉，也关系到两个民族的自尊心。于是，两个人开始暗中较劲，都试图在竞争中占据上风。北非战役结束后即将开始的西西里战役，被认为是双方的一场冠军争夺战。蒙哥马利是一位优秀的军事统帅，但他性格古怪，傲慢自负，心胸有些褊狭，总是不遗余力地追逐荣誉。他看到，巴勒莫是一块"亮晶晶的宝石"，如果巴顿攻下了巴勒莫，就会声名大振，有可能使蒙哥马利的战绩受到影响。因此，他要阻止第7集团军夺取这个引人注目的目标。

蒙哥马利是一个个性很强的军人，无论何事，只能照他自己的想法去办。换句话说，他不能适应别人草拟的不熟悉的计划。蒙哥马利通过修改计划，明白了许多道理。他曾经对参谋人员解释自己的体会："我如此想来想去，越想越觉得，我们曾在沙漠里所享受的'自由'已成为过眼云烟。我们将不得不学习如何和别人共事，并且，为了整体利益将不得不牺牲自己的利益，但有一点我绝不松口，就是绝不容许第8集团军在一种拙劣计划的驱使下，随随便便地投入战斗，绝不容许将官兵们宝贵的生命，虚掷于暴虎冯河式的冒险勾当中。我已经统率这个集团军，在非洲转战 3,000 多公里，获得了辉煌的胜利。我曾向他们承诺，今后决不会再遭到任何挫折与失败。在杀向西西里之前，我还将遍访麾下各师，我要亲口告诉士兵们，我对这次出征是如何地具有百分之百的信心。"

虽然蒙哥马利在西西里入侵作战计划修改上大获全胜，但他要想百分之百的称心满意，还有两件事必须要得到答案。蒙哥马利提出："由于有关方面都能接受我的攻击计划，英美两军的地面作战毕竟能成为浑然一体的一种作战。双方在遂行作战的时候，都将依赖对方的直接支援。我们的后勤补给问题也可以因为美方的协助而获得解决。时机已经非常迫切，统一指挥的问题必须马上解决。"也就是说，诸如协调、指导和掌握等，应该由一个集团军司令官和一个联络参谋负责。蒙哥马利将这意见电呈亚历山大后，立即得到了他的同意。亚历山大也认为，整个的作战应该由一个集团军司令统一指挥，并将蒙哥马利的意见转报给艾森豪威尔，但是艾森豪威尔没有同意，他认为巴顿已经受尽委屈，不可能再将自己的集团军交与另外一个集团军指挥官指挥。这样将激化英美两军的矛盾。因此，艾森豪威尔坚持按原计划分成两个独立的集团军，一个美军的和一个英军的，由亚历山大统一指挥。

第二件事比第一件事还重要。西西里岛作战的性质是开辟一个新的战区，发起一次新的

▼ 意军在西西里岛布置的火炮阵地。

战役，每个人都将注意力集中在"何处登陆"这个问题上，而对于西西里战役究竟应"如何展开"却没有引起盟军将领们的高度重视。虽然都希望的是迅速夺取这个岛屿，歼灭敌人，并不是使岛上守军逃回意大利，但并没有具体地制订一个统揽全局的基本计划。蒙哥马利的基本计划构想是：在西西里岛南岸登陆的两个集团军应该于登陆后，迅速向北挺进，将整个岛屿从中一分为二。在面对西方的一面应取守攻，两个集团军的综合主力应集中于向墨西拿迅速挺进，以防止敌军横渡海峡北遁。海空军也必须大力协同，务期敌军无一兵一卒能够漏网。当时，亚历山大虽然也曾同意这种作战计划构想——同意这次战役应由两个集团军在海空军的协力之下共同发展，但事实上，战役的指导并没有遵循这一方针。

将领们把作战企图定下来之后，默默无闻的参谋人员就开始加班加点制订具体作战计划，他们不仅要对最初方案进行修改，还要把具体兵力、后勤保障与时间、地点协同起来，这可是大量的细致的工作。最后登陆时间确定为 7 月 10 日 2 时 45 分（日出前 3 小时，月落后约 2 小时）。因为这天是满月，空降兵可以借助月光着陆，又是大潮，有利于登陆艇抢滩上岸。

"爱斯基摩人"计划总算以英国人的胜利而大体上定了下来，但英国人心理并不踏实。5 月 11 日，当北非战争快要结束时，丘吉尔赴华盛顿与罗斯福再次会晤，敦促罗斯福说服其三军参谋长"正确地认识进攻意大利的问题"。美国军方在其总统的干预下，勉强同意进攻西西里岛。会谈后，双方通过了一项决议，把"英、美攻入西欧的时间推迟到 1944 年春天"，决定于 1944 年 5 月以后大规模在法国登陆，开辟苏联人所说的"第二战场"。这个决定自然要秘密通知苏联政府。斯大林随即致函罗斯福指出："你们的这个决议给竭尽全力同德国及其附庸国主力进行了两年战争的苏联造成了极大的困难。法西斯德国能够同过去一样把自己的主力保持在东线，并不断地补充该线的兵力。"斯大林在致丘吉尔的信中抗议他又一次破坏盟国义务的行为，指出："不应忘记，它涉及到保护西俄和苏联被占领区内千百万人的生命和减少苏军的巨大牺牲的问题，同苏军相比，英、美军队的牺牲只是区区小数。"斯大林不能容忍美英在反对共同敌人的战争中无视苏联的切身利益，他临时召回了当时驻伦敦和华盛顿的大使，这一举动被英美两国看作是对两国领导人所奉行政策的抗议。

丘吉尔不听那一套，他不顾斯大林的抗议，仍坚持进攻西西里岛的计划。由于进攻行动预定于当年 7 月份开始，所以准备工作就显得非常紧迫。在北非的德意军队全部投降后，地中海的形势发生了很大变化。占领北非前，英、美只控制直布罗陀、马耳他、苏伊士等几个据点。德、意两国掌握着北岸的撒丁岛到多德喀尼斯群岛，在南岸占有的黎波里至埃尔，法属北非实际上也是德意的重要据点。地中海两岸的德意据点对英美在地中海的战略据点呈现包围的态势。占领北非后，整个地中海的战略形势改变了：英美重新夺得地中海的制海权；

北非可为进攻南欧提供空军基地和陆军集结点及出发点；意大利已完全暴露在盟军的袭击之下，德意8个师在突尼斯投降，大大削弱了意大利的防守能力。丘吉尔和蒙巴顿等英国将军们抓住这个有利形势，坚持实施西西里岛登陆战役，从军事角度看应当说是正确的。

5月29日，在阿尔及尔由艾森豪威尔上将亲自主持召开军事联席会议，即第一次阿尔及尔战时会议。参加会议的有英国首相丘吉尔、美国陆军参谋长马歇尔、艾森豪威尔、亚历山大等高级将领。会上详细总结了盟军在1943年上半年同轴心国的战争情况，并对现在欧洲战场上的战争态势进行了客观的评估，进而提出盟军在1943年下半年在欧洲战场上的主要作战计划和行动纲领。联席会议上，英国首相丘吉尔一再强调开辟欧洲新战线的重要性，可以大大减轻德国对英国的威胁，同时减轻苏联在正面战场上的压力，还能有效削弱轴心国的战争实力，是一举三得的事情。丘吉尔仍念念不忘推销其地中海战略，不过这次不再是那么露骨地宣传，而是巧妙地把西西里岛登陆作战与横渡英吉利海峡开辟第二战场结合起来。他说，进攻西西里岛，如果进展顺利，还应攻入意大利本土。一旦意大利退出战争，德国就必然要抽出大量兵力来代替巴尔干的26个意大利师。德军的兵力越分散，对横渡英吉利海峡、开辟第二战场就越有利。但

▲ 德军赫尔曼·戈林装甲师师长康莱斯。

▼ 德军南线总司令凯塞林元帅。

那是西西里岛战役之后的事，所有与会人员的兴趣并不高，众人无精打采地听完这位英国首相的雄辩，除了表示欣赏之外，没有决定任何事情。

而"爱斯基摩人"计划细节已制订出来，共分几个阶段实行，每个阶段又细分为几个分计划。1. 迷惑敌人阶段，实行"肉馅计划"欺骗敌人，让德国和意大利错误判断盟军登陆的地点。2. 夺取进攻西西里岛的前进基地阶段，实行代号"瓶塞钻"的攻击行动计划，计划的目的是要夺取位于西西里岛和北非之间突尼斯海峡边上的班泰雷利亚岛，夺取该岛上的机场，并把该机场改建成适合盟军战机升降的机场，进而夺取制空权及制海权，用于加强对西西里岛和意大利本土的轰炸，为盟军大部队登陆西西里创造有利条件。3. 西西里岛登陆作战阶段，实施西西里岛登陆作战计划，由亚历山大指挥盟军第15集团军登陆西西里岛，占领岛上的主要城市，以攻占东北端的墨西拿，控制墨西拿海峡为最终目的。

但在英美两个强有力的派系之间战略争执中艰难产生的"爱斯基摩人"计划，在登陆战役的方针和原则部分还缺乏明确性。倒不是因为最高统帅部的指挥出现失误，而是因为英美双方一直对西西里岛战役存在严重分歧，美方仅仅是希望搞一次简单的象征性的登陆行动，而希望将更大的军事力量在西欧大陆进行更大的登陆战役，与德国精锐部队在西欧大陆上一决雌雄，快刀斩乱麻式解决问题。英国则继续推行"巴尔干战略"，希望扩大西西里岛作战行动于意大利本土，从地中海地区向北进攻，打入中欧地区，击败德意。

双方争吵的结果使西西里岛战役究竟是一场决定性战略行动还是一场象征性战役行动问题上摇摆不定。给总司令艾森豪威尔下达的指示也只不过是："利用'爱斯基摩人'战役的战果，计划一次足以使意大利退出战争并牵制住最大量德军部队的战役。"甚至在8月举行的魁北克会议上，英美一致同意的方针也是用极其含糊的言词表达的，因为以马歇尔为首并在很大程度上得到罗斯福总统支持的美国派把横渡英吉利海峡进攻欧陆放在第一位，害怕卷入地中海地区的政治纠纷；而以丘吉尔和布鲁克为首的同样强大的英国派则按照英国的传统方式谋求通过"打垮支持者"来摧毁德国，并且认为，特别是在面对苏联挑战的情况下，沿地中海北岸作战在政治上有很大好处。因此，英国派对进攻欧陆是不热心的。

这样，艾森豪威尔就处于左右为难的境地。从这些争论中产生的进攻西西里岛的方针就成了一种政治上的折中方案，而政治上的折中方案对一个军人来说只能提供短期目标，很少能提供长期目标。

因此，艾森豪威尔很难给他属下的指挥官规定一个明确的指导方针。整个西西里岛作战，作为统帅的艾森豪威尔只是一个把一群才华横溢而又桀骜不驯的英美高级将领们结合成一个整体的灵魂人物，而对于具体的作战指导过问得并不多。

No.5　选定西西里岛

盟军为什么选择西西里岛作为开辟地中海战场的首次登陆地点呢？这是由西西里岛的地理环境、战略地位和双方的战略态势所决定的。

西西里岛位于地中海中部，亚平宁半岛的西南，是意大利那只伸向地中海的皮靴上的足球。是意大利最大的区，同时也是地中海最大的岛。西西里岛北面隔着墨西拿海峡与意大利本土相望，墨西拿海峡非常狭窄，最窄处仅 3,219 米，南面隔着约 170 公里宽的突尼斯海峡与突尼斯遥遥相对，是意大利南部的重要屏障。作为地中海最大的岛，东西宽约 300 公里，南北长约 200 公里，呈不规则的三角形，面积约 2.5 万平方公里。岛上多山，东北部为高原，地势从东北向西南逐渐下降，平均海拔 450 米。岛上有环岛和斜贯岛西北和东南的两条铁路，还有纵横交错的公路，交通便利。土地辽阔而富饶，气候温暖风景秀丽，盛产柑橘、柠檬和油橄榄。由于其发展农林业的良好自然环境，历史上被称为"金盆地"。

该岛岛上西北角为巴勒莫港，东北角为墨西拿港，和意大利本土的卡拉布里亚市只有一条狭窄的墨西拿海狭相隔，西西里岛有 3 个港口区域，东北面海峡处的墨西拿港日进口量为 4,000—5,000 吨；东南面是锡拉库萨－卡塔尼亚－奥古斯塔港口区，其中，锡拉库萨港日进口量为 1,000 吨；卡塔尼亚港日进口量为 1,500 吨；西北面的巴勒莫日进口量为 2,500 吨。全岛有 10 个机场和 4 个水上飞机机场。而西西里岛周围几个较小的岛屿也被纳入西西里区域范围，有乌斯蒂卡岛、利帕里群岛、班泰雷利亚岛、埃加迪群岛、佩拉杰群岛。位于西西里岛东岸的是意大利最高的山埃特纳火山（3,323 米），它也是欧洲最大、最活跃的火山。该火山活动频繁，每隔几个月就会出现一次火山活动：火山灰飘落使附近的机场不得不关闭，熔岩流涌动使附近的居民不得不转移。爆发时如万炮齐轰，浓烟滚滚，火光冲天，震耳欲聋。平时也常常喷烟吐火，在夜里看得十分清晰。这里作为守卫墨西拿的战略要地，具有极高的军事价值。

而位于西西里岛东岸、卡尔塔尼塞塔城北的锡拉库萨是一座沿海古城，又译叙拉古，约有 12.5 万居民。面积 204 平方公里。位置北纬 37° 05′，东经 15° 17′。是古代世界最伟大的科学家阿基米德的出生地，他一生的大部分时间都是在这里度过的。阿基米德的一生对人类科学的进步做出了杰出的贡献，如：杠杆原理、浮力定律等。他有一句名言：给我一个支点，我可以撬动地球。虽然今天锡拉库萨以阿基米德的家乡而闻名于世界，但在历史上战乱年代，这位伟大的科学家生命却轻如鸿毛。当罗马征服锡拉库萨时，罗马士兵毫不怜惜地一刀就砍死了这位伟大的科学家。这次西西里岛锡拉库萨又迎来一次扬名天下的机会，英国第 8 集团军将从这里登陆。

　　夺取了西西里岛可以为盟军提供北上攻击意大利的前进基地，盟军可以充分地利用西西里岛的港口和机场等基础设施，发起进攻意大利的行动。兵临意大利本土，加强对意大利墨索里尼政府的压力。而英军获得的好处则更多，能促使英国皇家海军彻底掌控地中海，大幅改善与埃及、远东、中东、印度交通运输线的安全环境。正如庞德海军上将和萨默维尔陆军中将指出的，西西里海峡对于运送军队和油料的船队来说仍然是危险的，如果同盟国能占领西西里岛，则不需绕道好望角到达印度，其节省的时间相当于增加 225 艘货船。对苏联来说，可以分散目前德国对苏联的压力。

　　1943 年春，随着轴心国在北非和地中海的惨败，以及德军在苏联战场上的节节失利，失败的阴影笼罩着整个意大利，意军的士气也急剧下降。对于意大利来说，企图将地中海变为意大利内湖的愿望不仅没有实现，反而丢掉了所有的非洲殖民地。由于失去了北非和地中海的屏障，意大利本土的威胁近在眼前。由于战争消耗和英美的封锁，意大利的原料和燃料严重短缺，工业陷于瘫痪，粮食供应量一再降低，甚至出现了饥荒。意大利负债 1 万亿里拉，

▼ 艾森豪威尔与蒙哥马利就英美两军双方将领矛盾问题交谈。

是一年国民总收入的 9 倍。军事失败和经济危机激起了普通意大利人的强烈不满。全国性罢工行动迅速蔓延，意大利法西斯党内部出现严重的信仰危机，党员锐减了 200 万人。王室内部、政府和军队高层的反对派要求国王解除墨索里尼的职务。墨索里尼被迫改组政府，清除了反对派。西西里岛的攻击将加速意大利墨索里尼政权崩溃，迫使意大利退出战争。盟军对意大利人的情况了如指掌。因此，在随后的空袭中，空袭的目标也与德军、日军不同，除尽量避开医院、教堂等救助和文化设施外，还尽量减少意大利人在空袭中的伤亡，只是加大威慑力度，争取瘫痪意大利人最后那点抵抗意志，攻占西西里岛，可能导致意大利墨索里尼法西斯政权的倒台，进一步孤立德国和希特勒。

现在，意大利军队的总兵力为 82 个师又 8 个旅，海军作战舰艇 263 艘，作战飞机 825 架。其中在西西里岛、撒丁岛、科西嘉岛和本土担负防御的为 44 个师又 6 个旅，163 艘舰艇和 600 架飞机。德军在意大利部署了 7 个师又 2 个旅，60 余艘舰艇和 500 架飞机，归南线总司令凯塞林元帅统一指挥。

盟军对西西里岛的作战准备由于英美双方战略分歧，固然显得仓促消极，但德意联军西西里岛的守军准备情况也毫无章法。1943 年 7 月，在西西里岛的守军为意军第 6 集团军，司令是 A·古佐尼中将，下辖 2 个军（意大利第 12 军及意大利第 16 军）、4 个野战师、6 个海防师又 2 个海防旅、6 个炮兵群，共约 25 万人，其中只有里窝那师是摩托化师，具有一定战斗力，其他部队兵员均是从西西里当地人中强征的。西西里岛的意大利人普遍存在着强烈的厌战反战情绪，他们认为如果盟军登陆，抵抗越激烈，对家乡的破坏也就越大，所以不愿进行抵抗。同时，出于对德意法西斯政权的厌恶，他们还以一种被盟军解放的态度来看待这场抗登陆作战。

西西里岛上防御的主力是一个德国装甲军，即德国第 14 装甲军，下辖两个师——第 15 摩托化师和党卫军赫尔曼·戈林装甲师，共约 4 万余人。这两个师都是德军的精锐部队，原计划是前往突尼斯增援的，后因盟军海空封锁太严，突尼斯又很快失败，这才滞留在西西里岛。名义上属于意军第 6 集团军，但实际上直接听命于德军南线总司令凯塞林元帅。其中赫尔曼·戈林装甲师装备有德军最先进的"虎"式重型坦克，具有极强的突击力。

防御部署上，在南岸 200 公里海岸线上，只配置了两个海防师，每师防御正面多达百余公里，而且只构筑了少量工事，这两个师都只装备轻武器，也没有足够的机动车辆，战斗力和机动力都非常有限。守军主力位于岛西北，准备在盟军登陆时实施反击，将盟军赶下海，如果反击不成，就凭借纵深山地，进行持久战。总之，西西里岛守军战斗力不强，岛上反登陆防御很薄弱，破绽百出。

北非战局的失利，迫使德、意军着手加强南欧战线，从 1943 年第一季度起，德、意军在意大利各主要港口附近海域开始大规模布设防御性雷障。5 月至 7 月，轴心国在北非全线崩溃后，布雷行动日益加紧，在西西里岛附近，意大利布雷舰"维埃斯特"号、"巴列隆加"号和 G53、G56、G58 等 3 艘驳船一起布设了 12 个雷障，共布设水雷 1,036 枚。

抗登陆准备中最大的困难是德、意军队之间的矛盾。意大利第 6 集团军司令古佐尼中将判断盟军极可能在锡拉库萨至杰拉一线登陆，因此打算将意军的里窝那师和两个德军装甲师一起配置在西西里岛的东半部，准备予盟军以强大的反击。他相信这是击退盟军的仅有的机会，但对击退盟军并没有信心。然而凯塞林却盲目乐观，不顾"火炬"作战的教训一再强调：盟军入侵西西里无非是 1942 年袭击第厄普那一类的行动。他主张集中全力在海滩击败敌人，而不要去搞纵深防御。其实纵深防御是击退现代化两栖登陆的最好方法。同时，他还担心盟军在西西里岛首府巴勒莫登陆，那将切断撤回意大利本土的退路，因此不顾古佐尼的反对，将第 15 摩托化师调到了巴勒莫，并私下嘱咐两个德军师的师长，一旦盟军登陆，立即实施反击，而无需等待意军的命令。这种行为，既分散了轴心国的反击力量，又破坏了指挥体系，对于已经非常薄弱的防务，更是雪上加霜。

实际的展开部署是一个折中的方案：德军第 15 装甲摩托化师的师部和两个战斗群派到西部，该师的第 3 个战斗群和较弱的赫尔曼·戈林师则部署在杰拉以北的卡尔塔吉罗内周围。德国人或意大利人都估计同盟国会在位于西西里岛西部的杰拉附近登陆，并在那里举行抗登陆演习。显然，德、意军的这种部署和抗登陆演习与盟军即将实施的西西里岛登陆作战的实际相去甚远，并注定了德、意军必将失败的命运。

德军之所以如此轻视意军，是由于在第二次世界大战中，意大利的陆军作战能力实在是不敢恭维。对于这支陆军的真实作战实力，与意大利军队有过长期共同作战体验的隆美尔有着直观的印象。他非常清晰地注意到，意大利的陆军装备太差、训练根本不适应机械化战争的需要、指挥官能力不足、部队士气普遍低落、厌战情绪浓厚，这样一支军队对埃塞俄比亚等缺乏现代化装备的殖民地军队，尚且不能应付，面对西方同盟国装备精良、训练有素的大军时除了不堪一击之外不会有另一种结局。事实也的确如此，意军与其说是德军的"战友"，不如更准确地称其为"累赘"，用隆美尔的话形容，意大利那支完全非摩托化的陆军对于德军来讲是一块毫无军事价值的"死"的力量。在强调机动和速度的北非战场上，隆美尔为了迁就意军，常常不得不对作战计划和战术行动作出不利的折中。甚至可以这样说，意大利陆军的军事作用在"二战"中几乎可以忽略。

意大利海军一直将最好的舰艇保留着，用以对付盟军的登陆。但由于轴心国始终未能查清盟军即将发动登陆的具体时间和准确地点，因此无法做出有针对性的部署。而意大利海军由于缺乏有效的空中掩护，禁止舰队在盟军作战飞机半径范围里的西西里岛附近海域活动，这样，西西里的防御就主要依靠地面部队和航空兵了。

总之，德、意军抗登陆兵力兵器与同盟国军队登陆兵力相比，显然处于劣势。盟军总兵力 47.8 万人，各种舰艇 2,600 余艘，飞机 3,680 架，地面兵力为美第 7 集团军、英第 8 集团军和两个空降师，登陆正面 160 余公里。德意军计 26 万余人，飞机 1,400 架，水面舰艇 200艘，潜艇 16 艘。双方兵力对比是：总兵力 1.6∶1，飞机 2.6∶1，战斗舰艇 1.3∶1。另外，意大利海军舰艇没有雷达；经常缺少燃油；没有一支海军航空兵。本来打算用意大利皇家空军去掩护海上的舰艇，但空军很少或几乎从未进行过掩护。更何况德、意军士气不振，战备训练不足，厌战情绪剧烈。战役过程中，意大利舰队一直停在基地，实际上未进行抵抗。显然，盟军居于绝对优势地位。这也是确保盟军登陆成功的重要基础。

No.6 敏感的作战指挥权

盟军同样存在着指挥权问题。同盟作战，指挥权是一个特别敏锐的话题。一般说来，盟军都希望看着自己人指挥他国的部队，而另外盟军的部队同样希望看着自己人掌握指挥权，尤其是在分配军事任务上。因此，指挥权的难题解决不好，盟军间的关系会弄得特别僵，而影响到整个战斗、战役乃至整个战争的进程。艾森豪威尔特别留意到这个难题，该用英国军官的时候，他就毫不犹豫地把指挥权交出去。

卡萨布兰卡会议之后，联合参谋长委员会于 1 月 23 日任命地中海战区最高司令的美国陆军上将艾森豪威尔为"爱斯基摩人"作战行动的总司令。艾森豪威尔就向联合参谋长委员会推荐英国陆军上将亚历山大为副总司令，英国海军上将坎宁安为海军部队指挥官。英国空军元帅特德为空军部队指挥官。战役指挥部设在马耳他岛。艾森豪威尔决定成立一个特别参谋部来计划和准备这次作战行动。

2 月 11 日，艾森豪威尔任命了他属下的几个指挥官。两天后，联合参谋长委员会同意了这些任命。地面部队指挥官为：蒙哥马利指挥东部特遣部队，最初称为 545 特遣部队，实际上就是第 8 集团军，下辖两个军即第 13 和 30 军；巴顿指挥西部特遣部队，即第 343 特遣部队，包括美国的第 2 军（由奥马尔·布莱德雷指挥），该军最后升级为美国第 7 集团军。这两支特遣部队将在亚历山大的司令部的指挥下作战。在这次战役的计划阶段该司令部称为第 141部队，后来则简单地把所辖两个集团军的番号加在一起，称为第 15 集团军群。

　　这样的任命，再次显示出作为统帅的艾森豪威尔具有娴熟的战役统筹规划能力与协调能力，能妥善处理好政治利益与军事行动的关系，解决好英美军队双方的矛盾，不愧为盟军总司令，以后艾森豪威尔还不断得到升迁，最后官至第二次世界大战时（欧洲战区）盟军最高司令，并于1953年被选为美国总统，可见其优秀的政治与军事才能。

　　实际上早在1943年初的北非突尼斯战争中，艾森豪威尔就将参战的美国军队交送给英国人亚历山大指挥。那时，艾森豪威尔的北非盟军的副长官还是英国人亚历山大。鉴于此，有些美国军官以为不妥，就找艾森豪威尔说："你犯了一个不能宽恕的错。第一次全球大战中，潘兴元帅就一直谢绝把美国军队与协约国合并，潘兴元帅的威信因此而设立。阁下要向潘兴学，不要和盟军的部队合并，要维持自立。"艾森豪威尔那时，特别严肃地对这一些人讲："你们讲的，我明白。但是你们遗忘了潘兴元帅那时对法国大帅福煦讲的一段话：'咱们的每一个

▼ 蒙哥马利赴第 8 集团军视察时向部队官兵训话。

人，每一支枪，每一件东西都归阁下应用——仅仅需要阁下以为恰好就好。'在疆场上，仅仅需要能击败仇敌，其他的并不紧要……这个事不要再讨论了，如若有错，我甘心负担所有结果。"基本上就是该交出的权利，艾森豪威尔都交出了。实战证实，艾森豪威尔在北非战场把美国军队交送英军指挥极大地调动了英军的积极性。作为统帅，属下积极性能否得到充分的发挥是本人领导才能的体现。英国人在第二次世界大战中，一直想在地中海集合兵力打德国人。他们以为，整体轴心国是一个"大鳄鱼"，鳄鱼最虚弱的地点是哪里？是腹部。故而，丘吉尔把这一个叫"柔韧的下腹部"。那样，德意轴心国的"下腹部"在哪里呢？在地中海。所以，英国人一直想在地中海集合兵力，同德国人作战，而美国则坚定主张在西欧国内开创第二战场，打击德国人。艾森豪威尔在北非战场上，让了英国人一步，却在之后，在西欧开创第二战场时，获得了英国人的合作。这是一个军事战略家的眼光，不是一般的军官能理解的。

尽管之后西西里岛战役中，关于亚历山大和蒙哥马利的争议很多。但在战前，不与在北非战场上被人们称之为捕捉"沙漠之狐"的猎手，享有"沙漠跳鼠"美誉的英国第8集团军司令伯纳德·劳·蒙哥马利将军闹翻，是一个政治性问题。因为当时蒙哥马利可是英军的英雄，并获得英国政府的大力支持。有一个小小事例可以证明，当蒙哥马利对已经经过各位高级将领商议，总司令艾森豪威尔已经批准的作战计划进行批评，要求修改时，英国副首相艾德礼先生给丘吉尔写信表示大力支持蒙哥马利："我们有没有具有指挥头脑和控制意志的人在直接控制着那些联合作战的计划者们，难道不应当由某一位强有力的、不讲情面的人来引导他们审议重要的问题吗？"艾德礼的这段话最好不过地描述了英国政府对蒙哥马利的态度。蒙哥马利自己也宣称："本集团军指挥官打算用第8集团军的名称和声望来影响这次作战，因此打算尽可能使用第8集团军的名称，而不使用东部特遣队的名称。"

历史给蒙哥马利的评价是一位谨慎、彻底的战略家。他坚持在每次出击以前，在人力、物力上做好充分准备，对于战争来讲，虽然延缓了进程，但却稳妥可靠，蒙哥马利治军严格，注重从实战出发训练部队；强调鼓舞部队士气，认为发挥人的积极性是取得胜利的重要因素；主张做好战前准备，制订周密的作战计划，尽量减少人员伤亡。在开罗蒙哥马利的第545特遣部队的参谋部工作的登普西少将曾这样评价蒙哥马利在西西里岛登陆作战中的作用。他认为蒙哥马利在制订"爱斯基摩人"作战行动的最后计划中起了决定性作用。登普西本来是从英格兰调来接管编余的第13军司令部的（该军所属各师在班加西分配给其他部队，而军司令部则保留了下来），现在只好让他先负责第545特遣部队的参谋部工作。因此，第8集团军最初阶段的"爱斯基摩人"行动作战计划是由登普西负责制订的。他负责这项工作直到4月中旬德·甘冈摆脱了西部战场的事务，到开罗来接管他的参谋长职务时为止。然后，他才去专

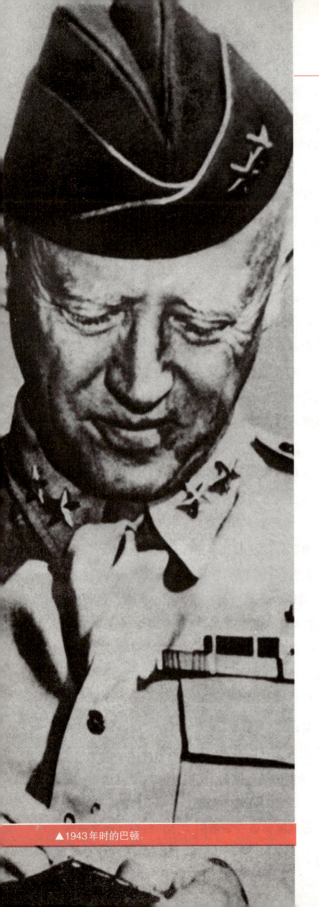

门处理第 13 军的具体问题。登普西是一个从不夸大的人，他的评价应当十分中肯。

盟军投入战役的地面部队约 47.8 万人，共计 10 个步兵师、1 个装甲师、2 个空降师又 3 个独立旅，600 辆坦克和 1,800 门火炮，作战飞机 3,680 架，运输机 1,500 架，作战舰艇 500 余艘，登陆舰艇和运输船约 2,700 艘。

其中英军参战的第 8 集团军，是一支刚刚在北非作战中取得重大战绩的部队，丘吉尔对自己的第 8 集团军赞誉有加："敌军在突尼斯全军覆没，最后投降总数达 24.8 万人。这标志着阿拉曼战役以及进军西北非这个伟大业绩的胜利结束。祝你们在以往的成就和新的努力的基础上，取得更加辉煌的胜利。"这次又披挂上阵，以 3 个师又 1 个旅的兵力（英军第 5、50 步兵师、加拿大第 1 步兵师和英军第 231 步兵旅），作为第一梯队在西西里岛东南正面宽约 70 公里的地段登陆；第 1 空降师在锡拉库萨以南地区空降，夺取附近的桥梁和公路，保障主力推进；英军第 78 步兵师为预备队，在北非待命。蒙哥马利指挥英第 8 集团军，其任务是在岛东南的锡拉库萨到帕基诺地段登陆，向墨西拿前进。其中，由驻英国皇家加拿大陆军司令部指挥的加拿大第 1 步兵师被英国要求编入第 8 军团以取代英国第 3 步兵师。这是在 4 月 27 日，加拿大第 1 军团司令坎特伯雷将军应丘吉尔首相要求同意加拿大第 1 步兵师及加拿大第 1 装甲旅到达英国后出动对抗德军。加拿大军原本由哈利·朗拿度·诺威尔·西蒙将军指挥，但西蒙在计划初期因一次飞机失事而阵亡，因而改由吉地·西蒙斯将军指挥，加拿大人还面对另一障碍，就是在登陆前先去苏格兰接受军事训练。而在登陆开始前几天亦因恶劣天气而令他们欠缺发挥机会。

美军第7集团军以3个师（第1、3、45步兵师），作为第一梯队在西西里岛南部宽约64公里的地段登陆；第82空降师在杰拉东北地区空降，控制通往杰拉的公路，以阻滞德军的增援；第2装甲师和第1步兵师的第18团为留船预备队，随时准备上岸增援；第9步兵师为集团军预备队，在北非待命。美军第7集团军的任务是在岛西南的杰拉到利卡塔地段登陆，通过该岛中央把敌军切成两半，并肃清岛西北角的敌军。

起初，巴顿组建的第7集团军准备以欧内斯特·道利少将的第6军为主攻部队。道利是1910届毕业的西点军校学生，布莱德雷在西点任数学教官时，道利是战术系主任。参战前，道利在美国指挥、训练第40师，1943年4月，率第6军抵非洲。布莱德雷得知第6军担当进攻西西里岛的美军主力后，心急如焚。这意味着第2军没有显山露水的机会，他个人也无法显露自己的才能，只好待在摩洛哥驻防。尽管他对盟军高层的战略决策颇有微词，但他还是积极活动，为自己和第2军求得参加行动的机会。于是，布莱德雷分别给艾森豪威尔和巴顿写信，阐述第2军作战经验丰富，可担当大任，而第6军刚抵非洲，最好不让它去冒这个险。艾森豪威尔和巴顿都认为这种分析很有道理，巴顿多少有点偏爱第2军。美军第2军所辖的4个师，有3个师的师长是西点军校毕业生。第1装甲师师长是1914届毕业生奥兰多·沃德。他是密苏里州人，曾随潘兴在墨西哥和法国当过骑兵军官，后来成为坦克专家。他学识渊博，聪颖机智，性情孤僻。当年在马歇尔的参谋部秘书处，布莱德雷给他当过副手，两人彼此了解，坦诚相待。第34步兵师师长是布莱德雷的同班学友查尔斯·赖德。布莱德雷在西点军校战术系时，赖德是学员团团长。他属于身先士卒、冲锋陷阵的骁将型指挥官。第1步兵师，也称"大红一师"，师长是1911届毕业生特里·艾伦，副手是罗斯福总统的小儿子奥多·罗斯福。他俩是勇敢善战、备受士兵敬重的指挥员，但又都无视纪律。另外，第3步兵师也归第2军统辖。

5月15日，艾森豪威尔电告马歇尔，告诉他准备把第2军调给巴顿，而把第6军调给摩洛哥的克拉克第5集团军。艾森豪威尔以欣赏、喜悦的言词说："布莱德雷干得如此出色，我实在不能拿一个毫无实践经验的军长和参谋部去碰运气。"马歇尔对布莱德雷也颇为赏识，同意了艾森豪威尔的决定。

海军参战舰艇和登陆舰艇3,237艘，编为3个舰队，东部特混舰队、西部特混舰队和海上掩护舰队。

东部舰队司令拉姆齐英国海军中将，负责运送英军第8集团军，分为4个特混编队，A

编队运送英军步兵第 5 师、第 50 师和第 3 登陆袭击队，N 编队运送英军第 231 独立步兵旅，B 编队运送英军步兵第 51 师，V 编队运送加拿大步兵第 1 师和英军第 40、41 登陆袭击队。

西部特混舰队司令休伊特美国海军中将，负责运送美军第 7 集团军，分为 4 个特混编队。第 80 特混编队运送第 7 集团军司令部和担任预备队的美军步兵第 1 师的第 18 团及第 2 装甲师的两个突击群，该编队还包括掩护群（航母 1 艘、战列舰 4 艘、巡洋舰 3 艘和驱逐舰 19 艘）和预备掩护群（战列舰 2 艘、巡洋舰 2 艘和驱逐舰 6 艘）；第 81 特混编队运送美军步兵第 1 师；第 85 特混编队运送美军步兵第 45 师；第 86 特混编队运送美军步兵第 3 师和第 2 装甲师的一个突击群。

海上掩护舰队由英国海军中将威利斯担任司令，由 2 艘航母、6 艘战列舰、6 艘轻巡洋舰和 24 艘驱逐舰组成，负责掩护东部和西部登陆舰队的航渡安全。

参战的航空兵有三部分，一是由杜利特尔美国陆军少将指挥的美军西北非战略空军，负责攻击敌战略纵深的重要机场、港口和交通枢纽；二是由康汉宁英国空军少将指挥的英军西北非战术空军，负责登陆作战的直接空中支援和掩护；三是由劳埃德英国空军少将指挥的以美军为主的西北非岸基航空兵，负责掩护登陆部队的集结和航渡安全，并监视意大利海军的活动。

No.7　美军战前指导训练

从 5 月下旬起，布莱德雷率部队开始为期一个月的集中训练，其中包括登上岛屿后的城市巷战实弹演习。布莱德雷视察第 1、第 9 步兵师和第 2 装甲师时，强调要当心敌人埋设的地雷，告诫他们要敢于分队作战，不到绝望境地绝不投降。

巴顿来到布莱德雷的部队，对训练进行指导。他不断地激发部队的热情："你们想打胜仗吗？你们想活着看到胜利的那一天吗？那么，你们就认真刻苦地投入训练吧！不要摆花架子，把你们的刺刀插向敌人的心脏。这是一种粗暴的训练方式，但它既可以打胜仗，又可以减少伤亡。""平时的艰苦训练是战时胜利的保证，这才是对士兵的最大仁慈。""我是一个很坏的家伙。我要让他们尝试一分钟的地狱生活，然后我又为他们痛哭！""在战斗中，暴露于有效火力的时间长短直接影响伤亡的人数。自己的火力可以压制敌人火力的杀伤力和杀伤数量。与此同时，迅速出击可缩短暴露的时间。""一品脱的汗水可挽救一加仑的鲜血！"巴顿的这些关于军事训练上的语言已经化为经典名言，为每个士兵所熟记于心。

在谈到对付意军的作战战术时，巴顿用粗俗的语言谈到了避免正面进攻、伺机迂回其侧翼的战术。"装甲部队的主要任务是攻打步兵和炮兵。敌人的后方是装甲部队最理想的战场。要千方百计地到达敌人后方。""镇住敌人就可打胜仗。给敌人造成伤亡就会使他们感到恐惧。火力能造成伤亡。从敌人背后开火更能致命，比正面开火有效两倍。但是，要从敌人背后开火，你就必须要用正面的火力吸引住敌人，再从敌侧翼迅速杀到它的背后。要尽可能

▼ 布莱德雷（左）与第3步兵师师长特拉斯科特少将在一起研究作战计划。

避免从正面进攻有准备的阵地。""用火力牵住敌人的鼻子，并且在运动中把敌人打得屁滚尿流。""我还要你们记住另一点。不要他妈的去为我们的侧翼操心担忧。不知哪个该死的笨蛋有一次说起要保护侧翼，从此以后，世界上所有那些狗娘养的都拼命要警戒他们的侧翼。我们不做这种事情。我们要不断前进，除了揪住敌人以外，对守住任何东西没有兴趣。我们就是要紧紧抓住敌人不放，把他们打得魂不附体。"巴顿在粗俗的讲话中把他的战术思想表达出来，士兵们在叫尖声中理解了巴顿指挥风格，并为在这样的指挥官指挥下作战感到信心十足。对于指挥官来说，还有什么比让部下对自己有信心更重要的事情呢？接着，巴顿继续阐述他的绝对进攻战术："在进攻中，不论是在兵力、坦克还是弹药方面，你投入的力量越大，进攻越猛烈，你自己的损失比例就越小。""绝不要放弃阵地。守住阵地比夺回阵地的代价要小……""我们的迫击炮和大炮一旦开火，就是精良武器。但是如果不响，就成了一堆破铜烂铁。一定要让它们不停地开火。""在到达最后的目标之前，绝不允许部队挖壕固守；到达了最后目标，就要挖战壕，架铁丝网，埋地雷。"

巴顿率领的第 7 集团军共有 6 个师，8 万人。布莱德雷负责指挥 3 个加强步兵师中的 2 个，共 4.5 万人。这两个师就是艾伦的"大红一师"和特罗伊·米德尔顿的第 45 国民警卫师。巴顿自己直接掌握卢西恩·特拉斯科特的第 3 加强师。在登陆作战中，3 个步兵师为突击先锋，马修·李奇微的第 82 空降师的 505 团（吉姆·加文为团长）将空投在第 2 军之后，然后与艾伦的"大红一师"联系。第 7 集团军还有休·加菲的第 2 装甲师和其他部队作预备队，埃迪的第 9 师则在北非担任预备队。

布莱德雷是第 7 集团军的主要将领之一，他将率两个师担任突击任务，这既是美差又是苦差事，为此，布莱德雷不敢怠慢，努力地调教部队。布莱德雷对艾伦早就有看法，认为他目无纪律，虚张声势，多次想提醒艾森豪威尔调其回国当军长。但巴顿喜欢艾伦，他们二人在性格上、作风上有共同之处，布莱德雷勉强同意巴顿保留艾伦的意见。米德尔顿是第一次世界大战中最年轻的团长，曾与巴顿在利文沃思堡指挥与参谋学校是同学。退役一段时间后又于 1942 年再服现役，在国内就是第 45 师师长。这个师被认为是最为训练有素的国民警卫师，但毫无实战经验。该师将在登陆战前从美国开抵奥兰，休整后即参加第二次世界大战的首次大规模两栖登陆。布莱德雷对这两个师均放心不下，忧心忡忡。

参加过突尼斯战役的几个师，在战场上表现出两个明显的弱点：一是缺乏主动搜索敌人和接近敌人的精神，下级军官胆小怕死；二是在寡不敌众时容易擅自投降，这是国内演习中总是判定以多胜少而造成的。除此之外，参加过突尼斯战役的师认为自己该轮换回国了，厌战情绪严重，甚至出现对抗以至动武的事件。而这些对抗恰恰发生在"大红一师"和第 3 师当中，前者是布莱德雷在西西里登陆中不得不倚重的尖刀。在突尼斯，"大红一师"从比塞大到奥兰途中，一路横冲直撞，士兵胡作非为，艾伦也不加管束。在阿尔及尔，"大红一师"的士兵甚至趾高气扬地搜寻和攻击后方地区部队。最后艾森豪威尔命令布莱德雷将艾伦的"大红一师"调往郊外。

　　布莱德雷想把第2军的指挥部也设在穆斯塔加奈姆，靠近巴顿的司令部以便联络。可巴顿却要布莱德雷的司令部设在号称"苍蝇之城"的雷利赞村镇。这个村镇充满恶臭、苍蝇，天气炎热，周围是一片沙漠。布莱德雷6月2日起升为三星中将，与巴顿的军衔相同。布莱德雷认为巴顿把他安排在此是出于虚荣心，巴顿不允许有同级军衔的将军与他待在一起。布莱德雷怀着一种恼怒的心情率部下整理破烂不堪的营房，他把司令部设在一所学校里，两名

▼ 美军部队正在进行战前演习。

副官切特·汉森和卢·布里奇，还有勤务兵、司机和布莱德雷住在一起，像一个小家庭。第2军的参谋人员和巴顿的手下常来常往，布莱德雷不计较巴顿的"缺德"，仍与他密切合作。有时，布莱德雷对巴顿缺乏对后勤计划方面的热情和关注颇为担心，对他的鲁莽作风不以为然。

在登陆战准备中，美军因蒙哥马利改变了在巴勒莫登陆的预想，只好利用从本土运来的蛤壳式的坦克登陆艇、步兵登陆艇、两栖车辆及其他登陆艇在海滩登陆。布莱德雷根据这些装备的特点加强了部队在舰艇和车辆上的行动演练。由于缺乏经验，水手不断出错，甚至有时把部队错送到离目的地之外16—20公里的地方去。

在6月2日马歇尔前来阿尔及尔看望部队期间，"大红一师"的官兵正在练习登陆，他们跌跌撞撞、一片混乱，有的士兵连刺刀都没上。巴顿当着马歇尔、艾森豪威尔的面，大发雷霆，口出秽言。马歇尔板着面孔，大感扫兴。

布莱德雷不像巴顿那样富有煽动性，巴顿对士兵既鼓动、训诫、赞扬，常常也有粗鲁的责骂。巴顿喜欢以勇带兵，布莱德雷却喜欢以智带兵。按计划，米德尔顿的第45师6月23日从美国本土抵北非，失去了训练机会。布莱德雷命令该师把艇渡当做一次演习，结果有两个团上岸后偏离目的地数公里。

布莱德雷对巴顿的训练风格并不欣赏，但亚历山大却很喜欢巴顿。他认为虽然巴顿是一个粗鲁的人，但这是典型的美国人的个性，他指挥军队虽然方法粗暴，但却有效并能取得出奇的成功，这使亚历山大对他大加赏识。因为在亚历山大看来，不管一个指挥官的性格秉性如何，只要他能带好兵打胜仗，他就是一个称职和出色的指挥官。于是亚历山大将军在西西里战役之前，便请求艾森豪威尔将这位将军暂时借给他的英国军队指导训练。于是巴顿的"训练名言"又在英军中得以流传。

▲1943 年，艾森豪威尔与克拉克将军在北非。

第二章

精妙绝伦的"馅饼行动"

"机智、狡猾和精致。"

——伦敦监督处的格言

No.1　战略欺骗

　　如果说西西里岛登陆战役在世界登陆作战史中化为不朽的经典战例，那么"肉馅"行动当之无愧地起了主要的作用。北非战役结束后，只要是稍有军事常识的人，都非常清楚在地中海战区，盟军下一个目标毫无疑问将是西西里岛。正如英国首相丘吉尔所说的："傻瓜都知道下一步进攻方向将是西西里岛！"希特勒和墨索里尼当然不是傻瓜，当时德意军在西西里岛已经部署了约30万人的兵力，而盟军能够投入的登陆部队仅占有微弱优势，远远低于在太平洋战场上登陆作战中至少3：1的兵力优势，一旦轴心国判明盟军进攻目标，加强西西里岛的

▼ 英国军情处的情报官员们在一起。

防御，那么登陆作战将会面临失败，即使取得胜利，也必将付出惨重的代价。

为了避免出现这样的被动局面，盟军决定组织实施战略欺骗和伪装。但掩饰一个显而易见的大规模的进攻行动是相当棘手的事情。然而，英军情报人员却有这样的勇气与信心，不愧为世界一流的情报高手。当时德国人区分真伪的手段已相当完备，如果送给他们的假情报，经不起最严格的鉴别，结果只会弄巧成拙，但是英国情报人员经过分析和研究，认为战略欺骗并非无机可乘。正因为西西里岛是再明显不过的目标，盟军将以此作为佯攻来掩护在地中海其他地区的登陆，盟军统帅部确定以希腊和撒丁岛作为战略欺骗中所要进行主攻的地点，因为进攻希腊后，可以乘胜向巴尔干半岛发展；而攻占撒丁岛，又是进攻法国南部的理想跳

板，这两地都是轴心国极为敏感的要害之地。这次行动的代号叫"馅饼行动"，意图是让德国人相信，美国人、英国人和加拿大人并不想进攻西西里岛。

信心和勇气，要通过恰当的方法才能实现。用什么办法才能欺骗狡猾的希特勒呢？盟军统帅部经过研究，认为只有英国情报局大名鼎鼎的伦敦监督处才能担当此任。该处办公地址在丘吉尔战时内阁所在地大乔治街 2 号，主要负责制订和实施战略性的欺骗、侦察行动，并协调英国与盟国情报机关共同组织重大的行动，是盟军战略欺骗的组织机构。该处的格言是机智、狡猾和精致，徽章是半人半羊的农牧神萨图恩的雕像，萨图恩是古罗马神话中专门兴风作浪的小精灵。现任处长是英国陆军中校约翰·比万，他的绰号是"诈骗总管"。虽然他职务和军衔不高，却拥有很大权限，甚至有时丘吉尔、罗斯福都要遵照他的要求安排活动或发表声明。

由于伦敦监督处马上将要全力投入更重要的诺曼底登陆的战略欺骗，这一任务就由海军情报局 17F 科来承担，科长是尤恩·蒙太古中校，并由英国老牌情报机关军事情报总局第五处，即大名鼎鼎的 M15 全力协助。

蒙太古接受任务后，迅速召集核心情报人员研究对策。认为只有一个办法可行：就是利用希特勒狂妄自大、自以为是的心理，利用假情报，强化其脑海里固有关于战略形势的判断，即西西里岛是一个过于明显的目标，因而盟军打算在南欧沿海其他地区大规模登陆。

如果是这样的话，盟军的下一步目标将是入侵两个地方：一是入

▲ 英国首相丘吉尔批准了蒙太古拟定的"肉馅计划"

侵希腊以便向巴尔干推进；一是入侵撒丁岛以作为进攻法国南部之跳板。于是，伦敦监督处开始布置了一场欺骗战，使人以为即将实施丘吉尔1943年的"欧洲柔软的下腹"的战略。其实，这条策略对于许多自负的人或过分自信又才华横溢的人屡试不爽，不是败在敌人之手，而是败在自己的固执之中。根据这种设想，第二次世界大战中最出名的一个重大的战略欺骗，一个以假乱真的"肉馅"行动于1943年4月19日下午6时开始执行了。

伦敦监督处成立以来组织的第一个战略欺骗行动——"肉馅计划"完成了，该处制定出了进攻希腊和撒丁岛的假计划。但如何将计划不被怀疑地落入德军之手，是非常关键的。

蒙太古中校绞尽脑汁设计如何将假情报送到德国人手中，最初的方案一一被否决，最后他的得力部属乔治中尉突发奇想，让一具装扮成参谋军官的尸体带着特制的高级文件，然后用潜艇将尸体抛入大海，利用潮汐冲上德国或亲德国的国家海滩，这样德国人就会以为他是溺水身亡，由尸体来告诉敌人，盟军下一步的进攻方向，自然就不会怀疑情报的真实性了。于是，一场"借尸戏"拉开了帷幕。蒙太古随即对这一方案进行了可行性研究，觉得完全可以，立即制定了具体执行计划。蒙太古的计划不久即获得了丘吉尔、艾森豪威尔、华盛顿的联合总参谋部以及伦敦总参谋部的批准，定名为"肉馅计划"。接着就着手对所有相关细节进行周密安排。

情报机构有两句经典名言："其一，引诱敌人去编造送上门去的假情报；其二，这一情节，应该证实已在敌人头脑里出现的疑问，而关键的环节在于情报来源必须是令人可信"。因此，蒙太古决定："假文件必须由军界高级领导人亲自签署"。

蒙太古劝说了英国参谋总部的副总参谋长奈尔将军，给他在北非指挥作战的同窗好友亚历山大将军，写一封私人信件。信中写道："亲爱的亚历山大，我正遇良机，通过蒙巴顿将军的一名军官，给您捎去信函，向您谈谈，最近地中海行动及其掩蔽计划的内幕情况"。信中暗示，西西里岛正在为了某些重大意图而作为一个掩护目标，被故意泄漏出去，而奈尔将军正忙着参与制定撒丁岛、科西嘉群岛和其他岛屿的行动计划。

蒙太古认为，如果德国人对此信以为真，那么，当任何关于攻打西西里岛的消息传到他们耳边时，他们都会认为这只是盟军的诡计，而不以理睬。

出乎蒙太古意料的是，尽管处于战争时期，寻找一具合适的尸体并不容易，他在回忆录中写道："那时，我们周围经常布满尸体，但是却没有一具是我能用的。"蒙太古派人向英国伯纳德·皮斯尔斯勃利爵士询问了一系列有关溺水身亡尸体的病理特征医学方面的问题，在得到答复以后，又找到圣潘克拉斯医学院的职业验尸官威廉·本特利·波切斯爵士，请他提供一具无人认领的男青年尸体，这尸体必须是因飞机失事而死亡。一切顺利，当月，波切斯爵士就提供了一具年龄相当、身材合适的尸体，死者 30 岁出头，刚刚死于肺炎，这种死亡使其肺部存在液体，会被人误认为是海水。蒙太古征得了死者亲属的同意，承诺对这具尸体的真实姓名将永远保密。于是，这具尸体成了英国情报机构的特别"贵客"，尸体立即被送往冷库小心保存。在精心打扮之后，他将开始一次漂洋过海的"旅行"，并且这次旅行将永远载入史册。

具体操作是英军海军情报处将这具尸体丢在西班牙沿海，由当时虽然名为"中立国"但与纳粹德国的关系密切的西班牙转交给德国，这样就大大增加了可信程度。因为 30 年代佛朗哥政府正是在德国的大力支援下，才打败了西班牙共和国，夺取了政权。所以，西班牙背后与德国的一系列小动作，英美表面上假装不知，背后却一直希望能利用西班牙这种特殊的身份为英美服务。这次机会终于来了。

英军对西班牙沿海经过严密的侦察之后，最后锁定丰尔瓦港。这是因为丰尔瓦是西班牙的军事要地，它是飞往北非必经之地，而且当地的潮汐情况非常适合登陆行动，英军选择这样一个地点登陆，会取得纳粹德国的信任。还有，这里的环境设施比较落后，纳粹德国的情报机构捞到这具尸体后，无论是验尸或搞什么科学调查都不太容易。因此，英国情报处请示英国的海军总司令后，确定这里是抛尸最理想的地点，就派"天使"号潜艇驶往地中海执行抛尸任务。

渡海登陆作战，一方凭险据守，以逸待劳；另一方敌前上岸，背水攻坚，双方作战条件非常悬殊。登陆方的战略意图如果没有可靠的隐蔽、伪装措施作保障，将极大地增加登陆战取胜的难度。第二次世界大战中最令人叹服的代号"特洛伊木马"后改称"肉馅计划"的战略欺骗开始了。

No.2 "马丁少校"

如果说人死了以后，还能干出不凡的业绩，并一举成名，那么"马丁少校"无疑是其中最著名的一位。威廉·马丁是蒙太古给他的死者"信使"取的一个极为平常的名字，他的身份也非常普通，英军作战司令部参谋，皇家海军上尉，正前往北非，加入英国海军地中海舰队参谋部，为即将到来的登陆作战出谋划策。这样一个极其普通的姓名与身份，是担任信使的基本特征，个性、地位和身份都不能太张扬，太张扬的人是不能担任这样任务的。

4 月 11 日下午，"肉馅"行动计划小组又组织了一次讨论会，蒙太古少校提出了当天需要解决的问题。他说："德国人见到了尸体，首先会产生的一个疑问就是：一个英国海军陆战队的军官，为什么从伦敦到北非去旅行？我们如果不把这个问题解决好，德国人就会察觉到这是一个阴谋。"

▶ 英国王室成员蒙巴顿勋爵。

　　大家围绕这个问题进行了认真的讨论，最后一致认为，必须赋予"马丁少校"一个可信的身份，蒙巴顿勋爵帮了这个忙，蒙巴顿在给地中海舰队总司令、海军元帅安德鲁·坎宁安的一封信中说，马丁是应用登陆艇的专家，"他起初总是沉默腼腆，但他确实有两下子，他在第厄普登陆中对事态的可能趋势比我们当中一些人预料得更为准确，而且对在苏格兰搞的新式大船和设备做试验时，他也一直表现得很好。恳请一待攻击结束，就立即把他还给我。"然后，蒙巴顿又稍微暗示了一下那个假目标撒丁岛，在信末写道："他可以带些沙丁鱼来……"蒙巴顿说："沙丁鱼在英国是配给的"。欧洲人都知道美味的沙丁鱼正是撒丁岛的著名特产！还有一封英军总参谋部的实权人物皮尔德·奈副总参谋长给英国驻北非突尼斯的远征军司令部亚历山大将军写的一封亲笔信。因为众所周知，这两位英军高级将领是一对多年的老朋友。信的内容，一定要涉及到英军的一些高层机密。信中介绍了总参谋部是怎样做出关于地中海战役决策的，并提到决定在希腊登陆作战，部队及舰队已经准备好了，只要一声令下，立即可以投入行动。信中还说，威尔逊上将打算利用西西里岛来掩护对希腊的登陆战，并请亚历山大上将在西西里岛一带摆出进攻的姿态以诱惑敌人。关于西西里是英军设置的登陆作战的虚假目标一事，在信中给人的印象必须是捎带着说的，它在整封信中占的分量很轻。在此期间，为了诱敌相信，命令威尔逊上将大举进攻希腊的多德卡尼斯岛。信的日期是 4 月 23 日。

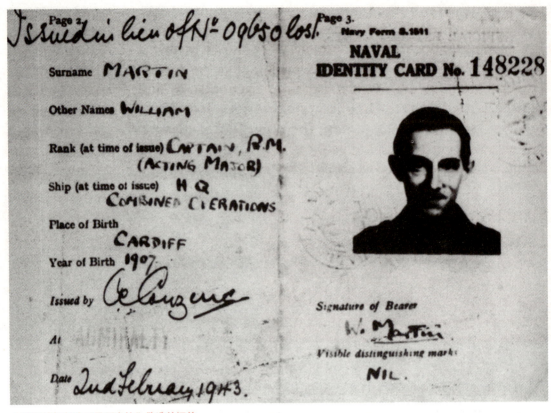

▲ 英国情报部为"马丁少校"伪造的证件。

为了增加真实性，还有一封蒙巴顿海军上将写给盟军总司令艾森豪威尔将军的信。请艾森豪威尔为著名军事理论家乔治·松德斯的新著《联合作战》题写序言。这几封信，是经过英军总参谋长亲自批准，又呈报英国首相丘吉尔，信件上签了名盖了章并且密封好的。万事俱备，只欠德国人来扇一股东风了。

为了让德国人深信不疑，蒙太古调动了西方人所有的浪漫细胞，精心准备了"马丁少校"的各种随身物品。包括特意给"马丁少校"安排了一个未婚妻，在他的口袋里，装满了情意绵绵的情书，两张女友的照片和一张购买订婚戒指的发票，他刚刚订婚，带着一张向帮德街的国际珠宝商菲普斯赊购订婚戒指的账单。情书被不断地折叠又打开，看上去好像已经反复阅读过很多次。另外，一张透支7英镑19先令2便士的透支单及一封从劳埃德银行搞来的措辞文雅的催款信，两张皇家大戏院的戏票票根，军官证件，联合作战司令部的通行证，以及钥匙、笔记本、香烟和钞票等杂物，上述物品包括尸体穿着的衣服在内所有东西都经过严格的检查，其内容都能证实其他信中所提及的细节。另外又伪造了马丁的父亲和家庭律师的信件，而且每封信都证实了其他信中提到的细节。

一切准备就绪，蒙太古发现"马丁少校"的尸体已经有一部分开始腐烂。这样所有信件和私人物品都存在一个时间与尸体的腐烂程度也相吻合的问题。蒙太古仔细地设计了所有的日期，包括信件、收支单和存根上的日期，确保毫无疏漏，万无一失。考虑到尸体要在1943年4月19日期运出海，并应在4月29到30日丢到丰尔瓦附近的海面上。但是由于假马丁是从飞机上掉下去的，又因为如果想叫德国人认为尸体已在海上漂流4至5天（这是为了掩盖尸体腐烂的程度），收据单积存根都表明，他是在4月24日以后离开伦敦的。这样两张伦敦大戏院的戏票存根定在4月22日晚上，那时"马丁少校"还在伦敦大戏院同女朋友一起看戏，看完戏后，与女朋友依依不舍告别才登上飞机的。

这样，经过精心设计，在德国人心目中，就会真实地呈现出一个鲜活的"马丁少校"的形象，既不失为一个职业军人的优秀品质，又不失英格兰人特有的浪漫风情。

于是，他们决定在4月29日或者30日那天把尸体投入海中。这样当德国人发现尸体时，会认为这具尸体在被潮水冲到岸边之前，已在海上漂浮了四五天之久。

英国情报部门深谙细节决定成败的道理，对马丁的包装进行了天衣无缝的设计，使德国情报部门难以发现破绽。每个微小的细节都是小小的骗局，而这些小小的骗局却使整个大骗局具有真实感。所以说，一个精巧的骗局是一个系统的活动。

为了确保"马丁少校"所携带的文件受到西班牙当局的重视，蒙太古给他提供了一个结实的带锁的公文箱，并用链子拴在了军用上衣的腰带上，这件上衣是标准的皇家海军陆战队服装，上衣里则是一件旧的战斗服和一件已经洗过的衬衣，洗衣店的标记被拆掉了，以防德国情报局过于仔细搜寻这位"少校"的动机，上衣外面还穿着一件救生衣，看上去这个人落水时，还希望能被营救起来。

这些细节被安排妥当后，在对"马丁少校"所用的物品，进行了最后一次验证之后，4月17日，在蒙太古亲自监督下，尸体装入了印有"光学仪器"标签的金属圆筒，然后在严密警戒下运往苏格兰格里诺克军港，随即被装上了29岁的海军上尉朱奥指挥的"天使号"潜艇。蒙太古叮嘱艇长朱奥少校，在4月29日或30日将尸体投放到西班牙丰尔瓦附近海域，而且必须严格保密，知情者必须限制在最低范围。

No.3 传奇之旅

1943年4月19日，时值初夏，"天使号"潜艇从里诺克港起航了，悄悄地开始了它的欺骗之旅。4 月 30 日凌晨 4 时 30 分，茫茫的大海上漆黑不见五指。潜艇冒险开到了西班牙的丰尔瓦附近的海面，这时，这一片海域，烟波浩渺，巨浪滔天，潜艇偷偷地潜到了距离丰尔瓦港口只有 1.5 公里的海底，在确信没有被发现之后，"天使号"缓缓地浮出了水面，朱奥艇长下令把一个金属箱抬到甲板上，除了艇长之外，没有一个人知道这个金属箱里到底装着什么玩意儿。朱奥告诉他的手下，这是一个先进的气象设施，上级要求他们放入海中进行气象观测。实际上，金属箱里装的正是这次"馅饼行动"的馅儿：英国皇家海军军官"马丁少校"的尸体和挎在他右手上的一个公文包。

一名水兵为"马丁少校"的救生衣打足了气，然后轻轻地把他推进海里，同时，随艇牧师为这一"特殊的葬礼"进行了祈祷，4 名年轻的军官脱帽俯首向"马丁少校"致以最后的敬礼，他们确信 4 月流行的西南风，肯定能让"马丁少校"漂到西班牙的海滩上。然后，潜艇无声无息地离开了，似乎一切从来没有发生。

当天下午，一位西班牙渔民首先发现了这名英国军官的尸体，他打开用链子拴着的公文包，看到里面装满了印着绝密字样的纸张，附近还发现一个被撞坏了的小橡皮艇。"二战"时期的渔民都有关于战争的高度的敏感性，他立刻感到此事非同寻常，便把尸体拴在小船后拖回了港口，并报告了驻守在当地的西班牙海军办事处。西班牙海军办事处派人到海边沙滩上查看尸体时，根据军服上的标记很容易就认出来，这是一位落水而死的英国少校军官。远处，英国驻西班牙情报机关的首脑詹姆斯正在隐蔽地监视这一切，并向英国情报机关发回了详细报告。电报说："马丁少校已安然抵达目的地"。

而英国驻马德里海军武官对此毫不知情，他一边迅速向英国发来电报，报告他刚获悉：一名英国军官的尸体被西班牙的渔民发现，并带回岸上。一边积极了解情况，准备与西班牙政府进行交涉。

英国海军情报处立即指派谍报人员唐戈海·斯贝尔火速赶往西班牙的丰尔瓦认尸，并煞有介事地要求西班牙人为其保密，要求西班牙人未经允许任何人特别是德国人不得接触这具尸体及其他物品。与此同时，英国海军情报部又指示英国驻马德里大使馆海军武官艾伦·希尔加思中校与西班牙海军部交涉，希尔加思煞有介事地向西班牙海军部提出，不管什么代价，都要寻找"少校"随身携带的文件，或者寻找失事飞机的残骸以断定文件是否被焚毁或掉进大海里了。希尔加思故意表现出难以掩饰的惊慌。当然，英国的这两个行动的本身就已经增加了严重性，德国驻当地领事又是一名老奸巨猾的职业间谍，他经过一番细致的分析研究，认为假如这死者只是一个普通的英国游客和所带的文件是无关要紧的东西，英国海军决不会如此坐立不安。

英国驻西班牙大使塞缪尔·霍尔爵士并不知道"馅饼计划",他按照正常程序向西班牙提出交涉,要求尽快归还尸体和重要信件。当英国驻丰尔瓦副领事,向西班牙人索要"马丁"的公文包时,却被告知:"由于司法上的原因,公文包暂时不能归还"。实际上就在西班牙方面通知英国人的同时,西班牙总参谋部巧妙地取出了文件并拍成照片,同时也将照片交给了德国驻西班牙的情报机关首脑海尔,海尔立即组织人员对这些文件,进行了拍照和复印。

5月13日,"马丁少校"的公文包及其他物品,终于被正式移交给英国。英国情报官员却发现箱子里的东西已被人翻动过,尽管装有重要文件的信封是密封的,但是显微镜检查的信的皱痕已经与原来的状态不符合,显然,这些信已经被德国特工拍照,并送往柏林。蒙太古对此十分满意,就这样在英国情报机关的精心运作下,"肉馅计划"的主体部分顺利完成了。

柏林当局接到驻西班牙谍报局的报告后,一面立即着手进行鉴定,一面指示其谍报局代表提供更加详尽之细节。驻西班牙德国谍报局接受命令后,加速了侦察工作。他们依靠高效率的谍报网,广泛地搜罗情报,很快就向柏林报告说:英国伦敦海军陆战队确有一个临时上尉(代理少校)威廉·马丁。此人的身份、姓名与在西班牙发现的尸体情况完全一致,证明是同一个人。德国情报机构通过认真研究了文件和照片的每个细节,最后得出结论:"马丁少校的身份很重要,所携带信件绝对真实,有重大价值和高度准确性"。但正如蒙太古预料的,德国情报机关并没有轻易相信,而是通过德国的情报系统层层上传,最后放在了希特勒的面前。由于事关重大,希特勒还是命令,必须对此事进行详细的调查。

德国情报机关中也有人想进一步查证"马丁少校"的死因,他们认为有必要把尸体挖出来,让生理学家再详细检查一次。因为他们觉得"马丁少校"所带文件涉及的内容太重要了。但是,德国人企图挖掘尸体的打算已经不可能得逞了。因为根据英国方面的要求,早在5月2日,西班牙当局就以军葬仪式安葬了"马丁少校",英国副领事在马丁墓前设立的碑文内容作了报告,在"马丁少校"的墓前竖立了一块雪白的大理石墓碑。碑文是:

威廉·马丁
生于1907年3月29日威尔士·加的夫
约翰·格林德威尔·马本和故安东尼娅·马丁之爱子
爱国捐躯,光荣甜蜜!
愿君安息!

"马丁少校"的未婚妻为葬礼送来了一个花圈,并附了一封悲痛欲绝的纪念信件。葬礼上的一切，德国情报机关的人员都进行了严密监视。

与此同时，伦敦的海军部公证司伤亡处，已按常规把"马丁少校"的名字，于1943年5月下旬，与阵亡的其他死者的名字一同公布于世。

德国情报机关的王牌特工秘密潜入英国进行调查。他们首先对出售"马丁"穿着的内衣商店发出欠款性信函，在得到答复确认该商店的存在。又对"马丁"所有的住处进行了仔细调查。由于英国情报机关事先已经作出了周密的布置，一切都天衣无缝。德国王牌特工通过监视来往的信件，发现英国副领事寄往马丁少校家里的一些西班牙海军在"马丁"墓前鸣枪致敬的照片。但仍未就此放心，他施展了杀手锏——故意留下地址，试探英国情报机关是否前来捕捉自己，以此证明"马丁"的真实。埃文·蒙太古识破了他的这一伎俩，严令部下不得打草惊蛇，让他安全离境。这样，终于使德国情报机关相信"马丁少校"确有其人，他们得到的情报是千真万确的！

至此，德国西线情报处处长冯·罗恩纳对文件的真实性确信无疑，他们几乎是按奈尔将军给亚历山大信中所写的假情报，来理解盟军下一步的行动。尽管有人会担心，盟军在丢失这些文件后，会更改计划，但是，冯·罗恩纳和绝大多数人都坚定地认为，更改作战计划并非易事，涉及到兵力部署的调动，基地后勤设施的建设等内容，并非一日之功。也就是说如

▼ 德国情报机构官员在一起开会。

▶德国海军名将邓尼茨。

果更改作战计划，作战行动将不得不大大地向后推迟，那将带来更多的问题。因此，他们确信盟军下半年的登陆行动的主攻方向一定在撒丁岛和伯罗奔尼撒群岛，当然同时也会对西西里岛采取佯攻行动，作战规模不会太大。

为了使德国进一步确信情报的真实性，欺骗行动并没有就此结束，"肉馅计划"仍在继续。就在德国人对这一情报将信将疑之时，大约一个月后，又一具尸体冲上了意大利撒丁岛的主要城市——卡利阿里的海滩。死者穿着皇家海军陆战队服装，从他身上发现的文件表明，他属于一支正在侦察撒丁岛海岸的小分队，这具尸体是蒙太古为了加强"马丁少校"信函中所发出的各种信息，而精心安排的另一盘"肉馅"。德军西线情报处处长罗恩纳上校认为，这名侦察兵的出现，可以证明从"马丁少校"处得到的情报是准确的，即盟军企图以对西西里岛的佯攻吸引德军的注意力，其真正的登陆目标是撒丁岛。不久，正在华盛顿的英国首相丘吉尔接到了海军情报局的专线报告："他们已经把馅饼整个吞下去了。"

"马丁少校"不仅在当时骗过了德国人，许多年以后，还有不少英国人也蒙在鼓里，第二次世界大战结束后的一天，一位负责清理缴获的德国海军档案的英国官员发现"二战"期间，有一位高职位的将军，曾经通过非常途径，发出一些具有高度机密性的私人信件，而这些信件都落入了德国人的手中，他立即惊慌失措地向皇家海军情报处报告了此事，其实这些信件，就是"马丁少校"身上所携带的那些文件。

在德国人的档案卷宗里，放着这些信件的全套复印照片以及德文译文和情报机构的报告，其中有一个卷宗是专门供纳粹海军上将邓尼茨批阅的，希特勒无疑也看到了这些文件，邓尼茨在日记中写道："元首相信德军最近获悉的要求密令，证实了盟军的主要进攻目标将是撒丁岛和伯罗奔尼撒群岛"。

如今，在西班牙的加的斯湾的一座公共墓地中，一块简朴洁白的大理石墓碑，矗立在苍松翠柏之间，石碑上用英文鉴刻着："威廉·马丁之墓"几个大字，表明安眠于此的死者是一位病逝的英国公民。

然而，很少有人知道，就在这块普通的墓碑下面，埋藏着第二次世界大战中，一次惊心动魄的情报欺骗活动。这次活动的成功，曾经调动了纳粹德国的数支精锐部队，同时也挽救了成千上万英国人和美国人的宝贵生命。

"馅饼行动"已经不再是谜，但是仍有一个问题困扰着英国的历史学家：根本就"不存在的"被称作"马丁少校"的那具尸体，他的真实身份到底是谁？1997年，最后一个谜团似已解开：伦敦公共档案办公室称，"馅饼行动"中所用的那具尸体是格林德瓦·迈克。此人是一个威尔士无业游民，1943年患肺炎后服鼠药自杀。但是，有历史学家对此提出质疑，如果"馅饼行动"中使用的是一具服过毒的尸体，西班牙情报官员很容易发现这一破绽。

学者柯林·吉本经过14年的调查后称，当年那具改变"二战"进程的尸体真的属于一个叫马丁的人！吉本认为，尸体来自24岁的英国水兵汤姆·马丁。1943年3月，英国皇家海军的航空母舰"冲击者"号在苏格兰海岸发生爆炸，舰上379名水兵丧生，汤姆·马丁就是其中的一个。吉本从蒙太古的回忆录中发现，在"马丁少校"的葬礼上，人们曾看到一个钱包，里面装着一个姑娘的照片，一个耶稣受难十字架和一枚圣克里斯托弗奖章。

几经寻访，吉本终于找到了汤姆·马丁的妹妹。老太太已经80岁，吉本没有给她任何提示，她在忆起自己的兄长时也说："我的哥哥钱包里总爱放一个耶稣受难十字架和一枚圣克里斯托弗奖章。"但这仍不能就此确认他就是"马丁少校"。

这样，"马丁少校"真实身份至今仍是个谜。

No.4　情报员未婚妻

"马丁少校"生前并没有结婚，但死后却有一个年轻貌美的"未婚妻"。尽管他们从未见过一面，但这丝毫不影响他们之间缠绵的"爱情"。这个"未婚妻"就是英国海军情报部门专门给"马丁"物色的 22 岁的维多利亚小姐。这是保证"肉陷"计划圆满成功的非常重要的环节。1921 年，维多利亚出生于英国的一个上流社会家庭。16 岁时维多利亚已出落成一位楚楚动人的美女，自小成绩优异的她考入巴黎文理学院深造，主修建筑专业。在大学读书时，就是男同学们仰慕的对象，但她并没有和他们进行深入交往，因为这时战争阴云已经聚集在欧洲大陆的上空，随时可能一声炸雷，战火纷飞。果然，1939 年 9 月，纳粹德国闪击波兰，欧洲战火被点燃。面对残酷战争，家境优越的维多利亚本可回国继续过她的上流社会生活，但善良正义的她却决心投身到战争中去，她选择了去军队做一名护士，照料从前线下来的伤员。这些年轻的伤员们和她一样，如果在和平年代本是享受着美好青春的时期，然而由于战争，他们的生命却与死神那么近，脆弱得像一丝细线，随时可能崩断。

在当了 3 个月的护士后，命运为她打开了另一扇门，英国海军情报部门想招募一名年轻的女性作为情报员，年轻貌美的维多利亚被相中，而她也觉得这比当护士更能发挥她的作用。这样，维多利亚的生活彻底改变，进入了一个完全陌生的环境。经过短期的情报员培训之后，

▼ "二战"期间，许多英国女性投身于反法西斯斗争之中。

她就留在了英国海军情报处。从此，她开始了一段终生难忘的人生履历。其中，维多利亚和小说《007》的作者伊恩·弗莱明一起工作过两年。伊恩·弗莱明作为情报员的丰富的工作经历，加上他如花的妙笔，是撰写《007》精彩谍报情节的主要原因。"二战"期间，伊恩是英国海军情报处处长的首席助理，维多利亚主要协助他工作。维多利亚的主要任务是保证谍报计划的顺利实施，对假情报的背景进行充分铺垫，在细节方面不要出现任何纰漏，使其更具真实性。在海军情报处，细心的维多利亚充分地展示了她的间谍天分，出色地完成了上级交给她的一项项任务，屡屡获得嘉奖。

维多利亚的优异表现，使蒙太古很快就想到了她。作为情报员的敏感性，她深深懂得，扮演"马丁少校"的"未婚妻"并不像表面上那样简单，必须恰到好处，既要与一名普通军官的女朋友身份相称，又要与整个计划的环节连接得天衣无缝。在与蒙太古共同筹划中，维多利亚假扮"马丁少校"的女朋友，只给他写许许多多情意绵绵的情书，其中不涉及任何军事问题，充满的只有对"未婚夫"的挚爱与思念之情，每一封信中每个字都经过蒙太古和维多利亚多次推敲，以免留下任何蛛丝马迹，令德国情报人员察觉。在邮局里，她急切地与工作人员争吵着索要"马丁少校"的信件，并故意叫嚷着要给自己的情人发电报。当然，维多利亚的一举一动都处于德国间谍的密切监视之中。

在西班牙海滨小镇韦瓦尔举行"马丁少校"的葬礼中，作为远在伦敦的"未婚妻"，维多利亚因"悲痛至极"无法参加葬礼，专门请人送来了花圈献在马丁的大理石墓前……

维多利亚出色的表演骗过了德国间谍，经过一段时间的仔细监视，他们没有发现任何破绽，很快就向国内进行了汇报，希特勒最终也相信了马丁少校的英国海军军官假身份，并坚信了情报的真实性。

与其他间谍一样，维多利亚在"二战"以后，对以往的经历保持了缄默，直到半个多世纪后，英国政府才知道真相。1991年，英国女王伊丽莎白二世，在白金汉宫举行仪式，授予维多利亚英帝国女勋爵称号，以表彰这位王牌间谍在"二战"中的杰出表现。

No.5 希特勒吞下"诱饵"

"肉馅计划"从细节的准备到严密的实施过程显得十分精细而富于逻辑，充分体现出伦敦监督处"机智、狡猾和精致"这句格言的精髓。所有这一切都做得天衣无缝。在盟军环环相扣的诱骗行动下，德军情报机构终于上当，德军西线情报处处长罗恩纳上校根据这一切，向德军统帅部报告，盟军即将发动对西西里岛的登陆，但这只是为进攻希腊和撒丁岛所进行的

▲1943 年，希特勒与墨索里尼在一起。

掩护，仅仅是一场佯攻。希特勒收到情报后，结结实实地吞下了整个"诱饵"，蒙巴顿和蒙哥马利两个人的身份让他坚信，盟军真的要从撒丁岛和南希腊登陆了！

事实上，北非战役失败后，地中海方向防御问题就成了希特勒不得不考虑的问题。从西班牙到巴尔干半岛随处都可能是盟军的登陆地点。但希特勒认为盟军很可能在撒丁岛和巴尔干登陆。

撒丁岛在第勒尼安海以西，北隔博尼法乔海峡与科西嘉岛相望，东距亚平宁半岛200公里，是地中海中仅次于西西里岛的第二大岛。希特勒觉得盟军如果占领该岛，既可进攻意大利，也可进攻法兰西。实际上英国的参谋长们曾建议攻占撒丁岛，认为撒丁岛防守较差，大约能用两个月的时间夺取下来，而且所需的兵力也较少，它可以作为轰炸意大利北部工业城市和向意大利沿岸进行袭击性登陆的良好基地，但因海湾面积较小，不适宜发动大规模的现代化两栖作战被否决了。

巴尔干更是希特勒的关注之处。1943年，他并不担心西线的第二战场，他最头疼的是巴尔干。他在信中写道：

▼ 隆美尔元帅（右）与凯塞林元帅在一起。

"我……以最严重的关切注视着时局。这是进入欧洲心脏的传统入侵路线……敌人在地方民族主义者和共产党暴动的支持下，在该地区登陆，会导致……最可怕的局面，就是暴露东线德军的南翼，最后形成巨大的转机——英、美、苏联三国对德国本土的联合进攻。"

经过 1942 年到 1943 年冬季的大搏杀，希特勒正准备用他剩下的几乎所有装甲兵力与苏联进行一场历史上最大的坦克战——库尔斯克攻势，而顾不上对付欧洲要塞南部堡垒的新威胁。他从苏德战场上已抽不出一兵一卒或一辆坦克。但巴尔干方向的重要性也是不言而喻的。

希特勒终于不得不采取行动了。他在 1943 年 5 月 12 日下达了调兵的命令，这命令简直就是"肉馅计划"的文件概要：

在即将结束突尼斯战斗前，可以预料，英、美联军将试图继续在地中海迅速行动。可以认为，为此而进行的准备工作已经就绪。最危险的地区有下列各地：在西地中海，有撒丁岛、科西嘉岛和西西里岛；在东地中海，有伯罗奔尼撒和多德卡尼斯群岛。

我要求所有与地中海防御有关的德国指挥机关迅速地密切合作，利用全部兵力和装备，在所余不多的时间内，尽可能加强特别危机的地区，对撒丁岛和伯罗奔尼撒采取的措施要先于一切。

1943 年 5 月 14 日，希特勒会见了墨索里尼，向他透露了马丁密件的内容，并且洋洋自得地说："我想这的确是真的！在我们举棋不定时，这个情报太重要了。"墨索里尼说："我总有一种预感，觉得盟军还是要进攻西西里岛。"希特勒加重语气说："直觉并没有情报重要，我们得到了可靠的情报！情报！"

第二天，希特勒召开了最高统帅部作战会议，他命令："所有与地中海防御有关的德军指挥部迅速密切协同，集中全部兵力和火器，在 6 月 30 日前完成对撒丁岛和伯罗奔尼撒的集结和部署。"

正当盟军最高统帅部在紧张地筹划西西里岛登陆作战之时，德军的统帅希特勒已看出意大利墨索里尼政府摇摇欲坠。

为了进一步了解西西里岛的情况。1943 年 5 月 20 日，希特勒召开了一个仅有总参谋长凯特尔、陆军元帅隆美尔和负责处理外交事务的纽赖特三人参加的小型会议。会议上纽赖特向希特勒详细介绍了西西里岛的情况。5 月 23 日，希特勒将一张巴尔干地图摊在腊斯堡的元首大本营的地图桌上，戴上他的老花眼镜，说："一个人就得像张开了网的蜘蛛一样警觉。感谢上帝，我对各种事物的嗅觉一向不错，所以我总是能在事情发生之前就闻出味儿来。"他接着又道："我们占有巴尔干，铜、铁、矾土、铬，这实在是至关重要，而最重要是确保……在那里不要发生我称为完全崩溃的那种事情。"希特勒指着连接黑海和地中海隔开亚欧大陆的狭窄水道金角湾说："决定性的事件将在这里发生，如果形势更加恶化，最高统帅部就必须从苏联战线挤出更多的师，防止盟军在这一地区的成功。"

于是希特勒派德军大将"沙漠之狐"隆美尔到雅典督查希腊的防御计划，并将驻法国南部的第 1 装甲师，装了 100 列火车，开了 7 天，到达希腊。把两个从当时库尔斯克坦克战正处在最紧张时刻的苏联战场上抽调下来的装甲师，包括第 1 阿道夫·希特勒警卫旗队装甲师从库尔斯克会战撤出，准备用 320 列火车，9 天的时间，开到希腊。这些部队，加上原有在希腊的部队由隆美尔组建一个新的集团军群，同时还将一个党卫军装甲旅调到撒丁岛。

而西西里岛的防御丝毫没有得到加强，甚至还被削弱，有些部队被调到了科西嘉岛，并加紧修筑科西嘉岛的工事！一些海岸炮连设置在希腊海岸，甚至把正在西西里南岸附近布雷的德国摩托扫雷艇也转移到希腊。随之一起转移的还有当时在西西里海区的摩托鱼雷艇。5 月 21 日，德国陆军最高统帅部指令凯塞林元帅："对撒丁岛和伯罗奔尼撒半岛采取的措施应优先于其他任何地区"。尤为可笑的是，直到 7 月 9 日盟军已在西西里岛大规模登陆并向纵深发展，德意军队节节败退之时，希特勒还惦记着撒丁岛！德国海军部还通知在意大利的冯·鲁格海军中将："撒丁岛和科西嘉岛是敌方首要目标……在希腊也很可能登陆。"当德军南线总司令凯塞林元帅看到败局已定要求撤退时，一向要求德军殊死顽抗的希特勒竟然异常痛快地同意了，其原因就在于他还计划以这些从西西里岛撤出的部队增援盟军可能在撒丁岛实施的"真正的登陆"！所有这些行动，尤其是中止在西西里海区布雷，对同盟国军队顺利实施西西里岛登陆战役非常有利。

并不是所有人都像希特勒那样盲目相信"马丁"少校的情报。意大利海军总部对于局势进行广泛的研究，在研究报告中宣称："在占领突尼斯之后，英美联军的最直接而又超于一切的步骤，将是完成其对于地中海的控制，而就当前的情况说来，要控制地中海就只有控制西西里海峡。"于是得出结论，"盟军下一个目标一定是夺取西西里。"依海军总部看来，由于这一步骤之采取，敌人将于达到许多目的中做到最后把意大利有作用的海军基地推到北面去，实际上掌握了对整个意大利的制空权，把撒丁岛孤立起来，而且给予意大利的本国前线的士气无可估计的影响。而意大利的陆军和空军则认为敌人将单只进攻撒丁岛。直到盟军发动攻势的前夕为止，德南线总司令凯塞林元帅清醒地意识到盟军极有可能进攻西西里岛，于是将德军戈林装甲师和第15装甲步兵师派往西西里岛，增强了该岛的防御力量。

"肉陷"计划虽然以"马丁少校"为主，但仍然注重其他行动的积极配合，以达到最佳效

▼ 美军情报人员正在判读飞机拍摄的侦察照片。

果。盟军从 5 月起就开始在预定登陆区域进行航空火力准备。美军航空兵部队负责在长达两个月的战略轰炸中，对意大利本土、西西里岛、撒丁岛和希腊的机场、港口、交通枢纽、部队集结地和雷达站进行广泛而又猛烈的空袭。不过盟军有意识地把轰炸重点放在了希腊及撒丁岛一线，由美军航空兵部执行"地毯式"轰炸，对西西里岛的轰炸反而不是很多，主要由皇家航空兵负责，重点轰炸墨西拿和巴勒莫。这就让德军更加坚定了盟军登陆地区是撒丁岛的认识。为进一步使德、意军产生错觉，美、英海军舰艇在希腊西海岸和地中海西部实施佯动，发出虚假的无线电信号，发射火箭和其他烟火信号，造成将在此处实施大规模登陆的假象。在登陆发起前，盟军还一反常规地没有对预定登陆海滩进行炮火准备和航空火力准备，从而很好地隐蔽了盟军的真实意图，收到了出其不意、攻其不备的效果。

由于盟军这一幕借尸使诈的好戏演得实在精彩，以至于在后来的诺曼底登陆中还发挥了让盟军意想不到的作用。当时一名携带有盟军真实作战计划的盟军军官不幸遇难，尸体也被德军发现。正当盟军万分紧张之时，德军却出于西西里岛的教训，认为盟军又是故伎重演，反而据此认为盟军不可能在诺曼底登陆，无形之中帮了盟军的大忙。

"肉馅计划"取得完美成功！甚至当盟军于 1943 年 6 月攻占了班泰雷利亚岛后，对西西里岛的攻击已是昭然若揭。然而，希特勒仍坚信，盟军下一步的攻击目标仍是希腊伯罗奔尼撒半岛和撒丁岛。7 月 9 日，即英美军在西西里岛登陆前夕，凯特尔还通知"南方"集团军群和"东南"集团军群司令官说：预定入侵撒丁岛和西西里岛的部分英美军已调往地中海东部的几个地域，准备在希腊实施登陆。"肉馅计划"已成为一个经典的谍战范例被载入史册。

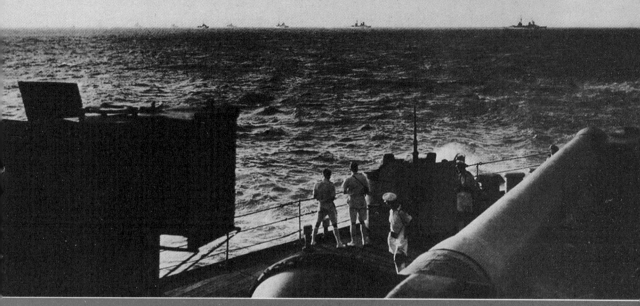

▲ 在西西里海域游弋的英军战舰。

第三章

"瓶塞钻" 作战计划

掌握制空权就是胜利。没有制空权就注定要失败,并接受战胜者愿意强加的任何条件。

——意大利军事理论家杜黑

No.1　班泰雷利亚岛

　　这是人类战争史上，第一次由航空兵单独打赢的登陆战役。

　　为了扫清登陆作战的外围障碍，盟军于1943年6月实施了对西西里岛西南110公里的班泰雷利亚岛的进攻计划，作战代号"瓶塞钻"。

　　班泰雷利亚岛位于西西里和突尼斯东北海岸之间，号称"地中海中部的直布罗陀"，虽然它只是古迦太基时期遗留下来的一座小港，在海水千百年来侵蚀下，海岸线陡峭如削，岛上的港湾只能容纳小船。1942年11月前后，当人们知道西西里海峡有丢失的可能时，便打算增强该岛的防御。可是仅做了少数几项无关紧要的改进。因此在猛攻之下，它们是起不了什么显著的作用的。德、意军在岛上共驻扎了多达7,000人的意大利守备部队，还部署了数千名德军，由意大利海军少将帕韦西统一指挥，装备有7门海岸炮和15门高射炮，这些火炮都是老式装备，性能落后。实际上，自从1942年11月突尼斯海峡被盟军控制后，意大利一直都

▼ 艾森豪威尔与英国空军司令坎宁安一起研讨如何使用空军。

在加强班泰雷利亚岛的防御。岛上大约有 10,000 人口，这就使防御增加了困难，因为岛上食物本已严重地缺乏，而自从 1 月以来便没能补给得上了。该岛除 3 个水井之外别无水源。平时居民系由屋顶接收雨水使用。如今由于军队增援的到达，使水的需求比平时增加了一倍，其结果有必要从西西里岛用船装运淡水。考虑到这些问题，海军总部于 3 月间向政府建议把岛上居民撤出来。可是，内政部坚决反对，据说此举会影响士气，尤其是西西里方面。可是 1943 年 5 月末，数千名德国士兵突然撤离了该岛，使得意大利人被迫唱起空城计。但德意法西斯仍大肆宣传，把班泰雷利亚岛吹嘘为一座炮位如林的堡垒，上有飞机的保护伞，夸它是一座固若金汤的海军基地。

从地理上讲，班泰雷利亚岛虽然可以起到掩护西西里岛作用，但它的防守十分薄弱，而且没有驻岛航空兵，因此不可能干扰盟军在西西里的登陆行动。但由于盟军当时使用的大部分飞机都是英国短程的"喷火式"飞机和美国的 P－40 型飞机，所以，缩短机场和攻击目标之间的距离是有相当大的好处的。因此，攻占班泰雷利亚岛和岛上的飞机场就显得十分重要，于是盟军几位主要将领艾森豪威尔、坎宁安和特德等人力排众议，坚持首先夺取班泰雷利亚岛，他们认为用微小的代价便可拿下这个地方。这种看法的根据是：估计大多数意大利军队已经厌战，正在找撤退的借口。他们认为如果对该岛进行连续几昼夜的猛烈轰炸，不让防御部队有睡眠和休息的机会，再加上强大的海军炮火的支援，这次攻击将比较容易，敌防御部队甚至可能事先投降。

盟军用来进攻班泰雷利亚岛的方法和轴心部队进攻马耳他岛所采取的方法是一样的，即：空中打击，海上封锁，然后当有效的抵抗实际已是瓦解之后，继以登陆的行动。这个计划的实施比起轴心部队进攻马耳他岛容易得多了，一方面由于班泰雷利亚岛的面积还不及马耳他岛的一半大，另一方面则由于盟军拥有空中的优势。再则，马耳他岛本身拥有空中力量，尽管其有效程度前后不一，但都可以全力捍卫该岛。与此相反，班泰雷利亚是没有当地的空军力量的。同时也没有获得外来的空中支援，因为在西西里地区的意－德空军力量比起盟军来是微不足道的。

No.2 猛烈的空袭

盟军的攻击首先是以猛烈的空中打击开始的，班泰雷利亚岛既无驻岛航空兵，又无空中支援，面对盟军的空中打击，只有任人宰割。实际上，盟军的空中打击早就开始了。5 月 13 日，即突尼斯轴心国军队投降的当天，北非的盟军航空兵就开始对意大利本土、西西里岛、撒丁岛和希腊的机场、港口、交通枢纽、部队集结地和雷达站进行了广泛而又猛烈的空袭，全力消灭、压制德意航空兵，并阻止其部队的机动。德意军在该地区原有作战飞机1,400余架，其中德军飞机800余架，分散配置在西西里岛、撒丁岛、科西嘉岛和意大利本土，在盟军猛烈空袭下，意大利空军司令福吉尔上将和德军第2航空队司令冯·里希特霍芬中将于6月22日决定，将大部分飞机撤往欧洲大陆，只在西西里岛和撒丁岛留下了少量的战斗机和轰炸机，总数不超过500架。

盟军于5月18日开始对班泰雷利亚岛进行航空火力准备，每日开始以约100架飞机对班泰雷利亚进行两次空袭。同时又发动了海上封锁，日间用飞机巡逻，夜间用飞机和水面部队巡逻。由于该岛的小港不能容纳大船，因此最急需的补给是由登陆艇、小货船和3艘潜艇来负担的。这些小舰船想方设法以求安全通过盟军海上封锁线。可是4月29日当"法乌诺"号从班泰雷利亚返航之际，在夜间被盟军两艘驱逐舰击沉。空袭一直持续到5月28日，岛上的防御工事、交通和通信设施全遭破坏。炮台、防御工事和交通系统一个一个地被敲掉了。破坏主要住宅区的结果是非常严重的，因为老百姓没有房子，没有公用事业的供应而且实际上又没有粮食了，便围到防御工事的周围来。空袭又把现存的几条道路给破坏了，使各个据点之间失去联系。白天里不能修路，因为盟军战斗机扫射任何看得见的目标，工程队只好乘夜施工。

5月29日战斗第二阶段开始了，每日轰炸增加到六七次。6月2日又提升到10至12次，6月7日又提升到15到20次。到9日空袭简直没有休止。5月29日敌人在岛上投掷照明弹并彻夜进行空袭。一天24小时紧张着的防守者感到体力日益消耗而不能支持（在艾森豪威尔的回忆录中，他说无休止的轰炸旨在"使守军没有睡眠或休息的机会"这样就会被拖垮了）。夜间空袭之另一结果就是使修路工程不能进行，于是许多据点便被孤立起来并且得不到弹药、口粮甚至淡水的补充了。

水的确已经成为最大的问题之一。上述的3个水井已经在第一批空袭期间被打毁了，因而剩下的唯一水源就是散建在沿岛各处的少数贮水柜。意大利海军成功地从特腊帕尼港派出一只淡水船"阿尔诺"号到达该岛，同时空军也用飞机装载少量的水于夜间运抵百孔千疮的岛上机场。海军还派出"阿尔诺"号装运一套过滤和淡化海水的设备，该船竟创造奇迹似的突破层层的封锁而完成任务。但意军在炸弹下经过三天三夜的努力，证明在如今已经毁废了的港内无法把机器卸下来，结果只好又由"阿尔诺"号把机件带回西西里去。

岛上居民如今只有一个躲避空袭的地方，那便是炮台的地下弹药库以及地下军事设施。挤在这些有限空间里，既缺食又缺水的难民，其生活之惨是难以想象的。难民绝大部分都是妇孺，被空袭和饥渴吓得要命，这就使军队的士气受到极坏的影响。可是在这样轰炸的炼狱

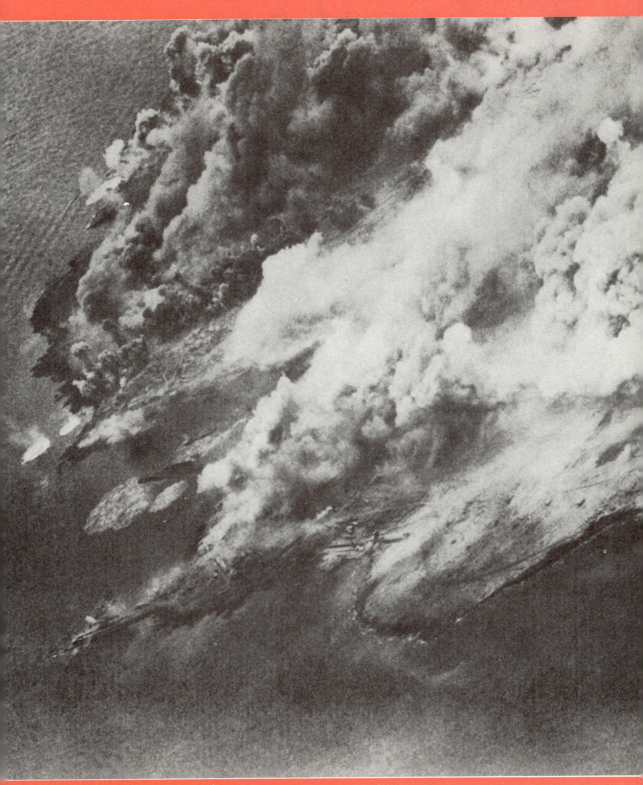

▲ 遭受盟军飞机空袭的班泰雷利亚岛。

▲ 盟军将领在一起研究如何在班泰雷利亚岛登陆。

中，人们不能迫使难民离开这唯一的藏身之处。到了 5 月末，所有的德军（大约 7,000 人）撤离了该岛，这就使人更加泄气，而最重要的则是意德空军已经绝迹于岛的上空。于是留在岛上的军民便认为他们已经被遗弃了。事实上轴心飞机正在设法给岛上支援，但它们总是遭到截击，因而有许多飞机在还没有望见岛的影子以前就被击落了。

盟军的海上封锁遭到意德大小鱼雷快艇的对抗，但尽管有过多次的巡逻却不曾和敌人有过接触。6 月 1 日以后，盟军驱逐舰便于夜间驶近班泰雷利亚岛并发射少数炮弹来侦察防御的力量。仅余少数大炮而其有效性又很成问题的海岸炮台，对盟军海上侦察无力予以还击。

在实施大规模空袭的同时，盟军的舰艇编队则不时对岛上设施进行压制性射击。5 月 12 日至 13 日，英国"奥赖恩"号巡洋舰炮击了岛上阵地，5 月 31 日，"攻城雷"号、"特鲁布里奇"号驱逐舰也对岛屿进行了轰击，6 月 1 日，巡洋舰"佩内洛普"号和驱逐舰"侠士"号、"攻城雷"号再次炮击该岛，但"佩内洛普"号巡洋舰在炮击时被意军岸炮击伤。同一天，盟军担任海上封锁的两艘驱逐舰"贾维斯"号驱逐舰和希腊驱逐舰"瓦西利萨·奥耳加"号在斯帕蒂文托角拦截并击沉了两艘意大利运输船。6 月 2 日至 3 日，英国巡洋舰"奥赖恩"号、驱逐舰"侠士"号、"特鲁布里奇"号、"圣杯"号、"艾赛斯"号又一起炮轰岛屿。6月5日，巡洋舰"纽芬兰"号也加入了它们的行列。短短几天里，盟军向班泰雷利亚岛进行了5,285次攻击，倾泻了6,200多吨炮弹和炸弹，对岛上进行了破坏性的轰击，对轰炸机轰炸效果不明显的目标进行补充破坏。炸弹如雨下，硝烟笼罩岛上经两日始散。从空中拍摄该岛的照片，只见弹坑密布，景象似月球。

6月7日，盟军要求岛上的守军投降，但被帕韦西少将拒绝了。

6月9日在第二次招降仍未得到答复的情况下，盟军发动了连续不断的攻击。

守军司令帕韦西海军少将每日向海军总部报告防务。6月2日在其报告中就承认防御无望，投降不过是迟早的问题。10日晚上岛上只有两门高射炮还能发射，但其阵地是在丛山之中，用以抗击敌人登陆是无能为力的。电话和公路交通都已破坏，命令都只能由传令兵步行传达。虽然几处水柜还残存一点淡水，但其总量至多只能供4日之用，因此有许多单位已经无水可饮，也无望获得接济。军心动摇，精疲力竭（从艾森豪威尔的回忆录中，我们知道，在最后6天中，仅该岛的东部就落下了5,000吨的炸弹。按其面积说来，这种密度是前所未有的。例如对马耳他岛的轰炸，最多时一个月只落2,200吨的炸弹）。

6月10日晚上，帕韦西少将报告称该岛的抵抗力实际上已经告竭，于是最高统帅部授权帕韦西少将接洽投降以终止挣扎。11日黎明以后盟军重轰炸机的攻击之剧烈达到了空前的程度，因此上午9时帕韦西少将决定停止此不人道的挣扎，因为该岛的抵抗如今仅具象征性了。他向海军总部报称他将求降。恰在此时，罗马方面也向岛上发出指示。墨索里尼命令帕韦西以"断水"为由求降。电文中说，墨索里尼承认在目前形势下该岛已无能为力了。实际上意军在空袭中的伤亡仅仅死56人，伤196人。6月11日上午9时许，帕韦西下令停止战斗，并在岛上无线电台的旗杆上升起了白旗。但是，由于盟军海空火力轰击非常猛烈，四下弥漫的硝烟遮掩了这面表示投降的白旗，盟军没有能及时发现。登陆战的火力准备照常展开。

No.3 占领全岛

盟军的登陆也开始了，英军第1步兵师搭乘"拉尔格斯"号巡洋舰、"侠士"号、"攻城雷"号驱逐舰和"阿菲斯"号炮舰已经起航，巡洋舰"曙光女神"号、"纽芬兰"号、"奥赖恩"号、"佩内洛普"号、"尤里亚勒斯"号在8艘驱逐舰和8艘鱼雷艇掩护下，向班泰雷利亚岛冲击。11日12时，突击部队小心翼翼地从登陆艇上冲向海滩，却惊奇地发现，没有受到炮火的攻击，才发现意军已经挥舞着白旗，正等候着向盟军登陆部队缴械投降。登陆部队随即占领全岛，俘虏了全部守军，英军无一伤亡。

由此看来，真正的登陆战是没有的，有的只是随投降之后的实行占领罢了。零星的抵抗还继续了几小时之久，因为若干孤立的部队还没有接到终止抵抗的命令。敌方的空袭由于盟军通讯杂乱也继续到下午。后来美空军指挥官斯帕兹曾为此向帕韦西少将道歉。

当时艾森豪威尔正陪罗斯福在非洲访问，罗斯福非常想亲临前线看一看战斗情况，艾森豪威尔没有答应他的要求，因为艾森豪威尔认为：罗斯福身为美军最高统帅，是关系着整个战争命运的伟人，不合适仅仅为一丝浪漫的猎奇情怀，亲身到一线战场上去冒险。不甘示弱的罗斯福决定和艾森豪威尔打赌，他肯定地说："艾克，我估计岛上的意军不超过3,000人，要是你们俘获的意军超过这个数目，我将为这个超额数目中的每一个俘虏付给你5生丁。"后来，艾森豪威尔的战报统计上显示盟军共俘获了11,000人，罗斯福看到战报后，立即计算了

▼ 艾森豪威尔向罗斯福总统通报盟军在意大利的进展情况。

兑换率，将钱付给了艾森豪威尔，他开玩笑地说，我按每人二十分之一美分的价格把你们所抓到的俘虏全部买了下来。

由于班泰雷利亚岛的陷落，位于特腊帕尼港和的黎波里之间的小小的兰佩杜萨岛便更没有希望了。盟军对于兰佩杜萨也进行了空袭，但这一悲剧重演的时间却短得多了，因为该岛的目标既小，防御又差。盟军于 6 月 5 日开始空袭，一周后便施行占领。

至此，进攻西西里岛的障碍已被全部扫除，西西里岛南面的前哨阵地也已被全部肃清。除了希特勒，所有人都知道攻占班泰雷利亚岛正式揭开了西西里岛战役的序幕。

盟军在班泰雷利亚岛，并在马耳他岛附近的果佐岛修建了机场，盟军战斗机部队随即进驻这两个岛，这样解决了从突尼斯和马耳他起飞的盟军战斗机的作战半径只能到达西西里岛的锡拉库萨和特腊帕尼以南地区的问题，大大地扩大了战斗机的作战范围。

班泰雷利亚岛的陷落，在历史上第一次体现为单独由空中作战造成一个岛的投降。可是必须指出，为盟方所津津乐道的关于马耳他岛抵抗力如何了不起，其实它的地位和班泰雷利亚岛是不能相比拟的。马耳他岛从来没有经历过像班泰雷利亚岛所经验过的，至少没有经历过像班泰雷利亚岛最后一周的惨状，马耳他岛也没有承受过那样规模的空中攻击。此外，马耳他岛坚持到底是有充分理由的，因为它总可以指望于将来以改善其态势，同时又因为确知从外面送来若干援助和补给并不是完全不可能的。反之，班泰雷利亚的守军却完全是绝望的，而他们的抵抗却不外是为了在空袭中求得生存罢了。

No.4　夺取战区制空权

在攻占班泰雷利亚岛的过程中，盟军仍对轴心国机场攻击有增无减，同时还对从西班牙至科孚岛一线的各港口实施不间断的监视，对所有经过直布罗陀的盟军护航运输船队进行空中掩护。6 月 26 日，一支盟军船队在邦角附近海域遭到德军百余架飞机的攻击，但盟军岸基航空兵的战斗机一直在空中掩护，有效压制了德军攻击机群的攻击，使船队没有遭受到损失。此外，盟军航空兵还有力掩护了在北非各地进行临战训练的地面部队。

7 月 2 日起，盟军航空兵对西西里岛、撒丁岛和意大利南部机场进行了集中轰炸，重点对西西里岛上的所有机场进行了极为猛烈的突击，仅在杰尔比尼、卡塔尼亚等机场投下的炸弹就达 1 500 吨。

7 月 3 日，墨西拿海峡的 5 艘火车渡轮被盟军击沉 4 艘，西西里岛与意大利本土的联系更为困难。

7月9日，即登陆前一天，盟军对西西里岛各机场的攻击更是达到了高潮，一天之中就进行了多达21轮轰炸，用于攻击塔奥米纳机场的就有轰炸机411架，战斗机168架；对岛上主要机场锡拉库萨、卡塔尼亚和帕拉佐洛投入的飞机更是多达800架次！在盟军猛烈轰炸下，西西里岛上只有一个简易机场还勉强可以使用，还有两个机场可供紧急着陆，其他机场均失去作用。盟军还以78架战斗机专门攻击敌雷达站。西西里岛上的德意航空兵竭尽全力进行反击，意军战斗机出动690架次，德军战斗机出动500架次，尽管使盟军受到一定损失，但实在是力量悬殊，无法保护西西里岛的机场。此外，盟军航空兵炸毁了德意军设在西西里岛塔奥米纳的航空兵司令部。通过上述空中突击，盟军已大大削弱了轴心国在该地区的空军实力，基本上夺取了战区的制空权。

由于盟军采取了声东击西多方开花的轰炸策略，在很长时间内敌人摸不清主攻方向在哪里，因此到已经开始在西西里岛登陆时，轴心国的海、空军未能进行有效的抵抗。

班泰雷利亚岛的解放使得盟军对西西里岛的攻击获得了前进基地。同时，班泰雷利亚岛战斗，使盟军摸清了意大利军队的现状。意大利自从参战以来，无论在希腊、地中海还是在非洲，都是屡战屡败。连年对外侵略，造成消耗不断增大；屡战屡败，使广大士兵士气低落、军心涣散，官兵普遍存在厌战情绪。据蒙巴顿回忆，当英国第8集团军和美国第7集团军实施登陆时，许多意大利军队实际上没有抵抗，如夺占班泰雷利亚岛时盟军只有1名士兵受伤，而且是被骡子咬的；意军在兰佩杜萨岛的守备部队，竟向因油料不足而迫降该岛的盟国飞行员投降。由此可见，意大利军队的士气是何等低落。

▲ 在西西里登陆的英军。

第四章

抢滩登陆

　　你难以想象参加西西里岛登陆作战的舰队到底有多大的规模，在地平线上它像一座遥远的城市，覆盖半边天际，昏暗色伪装的船只与深色海水的曲线相映衬着，并不明显。但一看就知是一支强大的编队，即使其中的一小部分也足以令人生畏，我希望所有的美国人都能看到这一壮丽的景观。

　　　　　　　　——美国参加西西里岛作战的战时记者爱尔·妮·派

▲1943年5月，盟军地中海战区总司令艾森豪威尔登上一艘英军战舰。

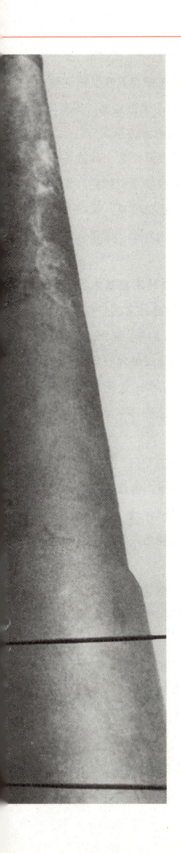

No.1　阿尔及尔战前协调会议

　　1943 年 6 月 23 日，距西西里岛登陆，已不足一个月，盟军地中海战区总部在阿尔及尔召开关于讨论登陆西西里岛具体作战问题的协调会议，即为第二次阿尔及尔战时会议。对于盟军来说，尤其是对于欧洲战场来说，显得意义格外重大。上一次会议只是酝酿准备阶段，仅仅讨论与制定作战企图，而这次会议则是解决具体实施问题，必须详细地制定具体实施计划，分摊具体的作战任务，使责任明确地落实到各个将军的身上，以保证战役能够化将领们口头上的讨论到各作战部队的行动中。

　　因为是任务布置会，参加这次会议的人数反而比上次会议有所减少，都是具体指挥作战行动的英美双方将领。主要包括盟军地中海战区统帅艾森豪威尔上将；副总司令兼陆军司令为盟军第 15 集团军群司令，西西里战役陆军总指挥亚历山大上将；英第 8 集团司令蒙哥马利；美第 7 集团军司令巴顿；盟军登陆舰队总指挥坎宁安海军上将；登陆掩护舰队司令威利斯；航空母舰机动编队司令蒙特；盟军空军总司令特德空军上将。还有军、师一级的将领。

　　会议决定参加西西里岛登陆战的总兵力主要有：第 15 集团军群下辖的英军第 8 集团军和美军第 7 集团军，共 13 个师（包括 10 个步兵师、1 个装甲师和 2 个空降师）又 3 个独立旅，总兵力达 47.8 万人，作战飞机 4,000 余架，战斗舰艇和辅助船只约 3,200 艘。主要舰队有两支，一支是由英国的"无敌"号和"无畏"号航空母舰及 6 艘英国战列舰组成的掩护舰队，另一支是由美国的"约克城"号和"埃塞克斯"号等航空母舰组成的特混舰队。

　　英第 8 集团军由蒙哥马利指挥，其任务是在岛东南的锡拉库萨到帕基诺地段登陆，向墨西拿前进；美军第 7 集团军由巴顿指挥，其任务是在岛西南的杰拉到利卡塔地段登陆，通过该岛中央把敌军切成两半，并肃清岛西北角的敌军。登陆时间定在 1943 年 7 月 10 日。为了迷惑敌人，英国的两艘航空母舰将在战前向希腊方向佯动。

总的作战计划是：由美海军中将 K·休伊特指挥西部特混舰队输送美国第 7 集团军（3 个步兵师，司令为巴顿中将）在岛的南部登陆，由英海军中将拉姆齐指挥东部特混舰队输送英国第 8 集团军（4 个步兵师、1 个步兵旅，司令为蒙哥马利中将）在岛的东南部登陆，另有 2 个空降师在登陆前、后实施空降。为满足登陆和空降要求，登陆正面宽 160 余公里。

在作战机要参谋向大家介绍完敌我形势及兵力对比后，艾森豪威尔便开始像个仲裁员一样，给盟军的众将领分摊任务。每次有重大军事行动时，美英两国的高级将军们都会为任务的分配而争得面红耳热。这次也不例外，英国的蒙哥马利将军和美国的巴顿将军，又在为登陆滩头阵地的选择上各执己见。这两个将军是盟军中出了名的好大喜功的人物，在艾森豪威尔的协调下，巴顿将军唯有接受对美军略显不公平的作战计划。

"现在就让我们来商讨一下，登陆作战时应该注意的问题。"在各个将军都基本接受了任务安排之后，艾森豪威尔一如往常那样，征询各个将军对于战役中需要注意的细微事项。"首先我来谈一谈，由于这次行动是盟军自战争爆发以来，第一次大规模的登陆作战行动。作为最高统帅，我要求战役打响后，在座的将军，特别是地面部队，每小时便向我报告一次战斗的情况，以利于我及时掌握情况和作出协调指挥。"艾森豪威尔一边说一边把目光望向蒙哥马利及巴顿两人，这个要求是特意为这两个陆军指挥官而设的，在座的将军都连连点头表示明白。

"现在让我来说说这次登陆作战计划的细节。"作为登陆部队总指挥的亚历山大，开始向大家阐述这次作战行动的步骤。亚历山大认为，由于盟军对西西里岛实施的连续轰炸取得了明显的效果，夺取了制空权和制海权，完全可以使用奇袭的方法进行登陆作战。这种登陆方式引起了盟军海军将领的不满，因为奇袭的方式就是指在不进行事前战舰炮火和舰载空中火力掩护打击下，突然登陆作战。

"我对这个作战安排持保留意见。"对于这种把海军战舰作用大幅降低的打法，身为航空母舰机动编队指挥官的蒙特当然不能赞同，看了看登陆战舰掩护编队的指挥官威利斯将军闭口不语，蒙特不得不开口说道：

"按照情报显示，德国在西西里岛上的两个师，分别是戈林装甲师和第 15 装甲步兵师，其战斗力不容忽视。如果不进行充分的炮火及航空火力准备，就算能顺利登陆，也将遭到敌人坦克集群的威胁。"蒙特的话不是乱说，盟军欧洲的"超级"破译情报组织是一支如太平洋"魔术"小组一样出色的情报机构，在战前破译分析出德军的皇牌劲旅戈林装甲师正好部署在盟军预定登陆的西西里岛南部，而摩托化第 15 装甲步兵师则部署在该岛的西部。

"我们的目标是登陆，如果一开始战舰就向岸炮击，那就等于告诉敌人我们将要登陆的正

▲ 巴顿在西西里登陆战役开始前于阿尔及尔的留影。

确地点，那就失去了登陆的突然性，敌人就将有时间提前调集兵力，无论是伞降部队还是登陆先头部队，都将难以夺取滩头阵地。"亚历山大还没等蒙特说完，便略表不满地说道："只要能在一开始顺利夺取滩头阵地，把重武器运到滩头上架设起来，就不怕德军的坦克冲击。"显然亚历山大对自己的作战安排很有信心，并不把蒙特这个年轻将军好意的话放在心上。

见到艾森豪威尔向自己打了个眼色，蒙特也只得把想说的话吞到肚子里，谁叫自己人微言轻呢，唯有点头装出一副受教的样子，看来自己在官场上还要多历练历练。战役打响后，事实证明了蒙特的担心并不是多余，不过这反过来又让蒙特有了表现立功的机会，世事往往并没有绝对，喜中藏忧，祸中生福。

虽然这次阿尔及尔战前协调会议中难免有些不协调的声音，但总算是一次成功的会议，艾森豪威尔在这次会议上充分显示出其驾驭不同属下，把握大局协调各方利益的能力。也让蒙特见识到作为领导必须具备的政治手腕和亲和魅力的重要性。做个独当一面的将军难，做个把握全局的统帅更难，自己要学习的东西还很多。

▼ 英军部队登船准备开赴西西里。

▲ 美军部队即将登船整装待发。

战前协调会议结束后，将军们各自返回到自己的部队指挥部或者基地，为登陆西西里岛的战役做最后的准备和训练。

No.2　在风暴中航渡

7月4日至8日，参战部队从北非和中东各港口登船，英军第8集团军从的黎波里、亚历山大、塞得港、海法和贝鲁特出发；美军第7集团军从奥兰、阿尔及尔、比塞大起航；所有运载登陆部队的船队都伪装成护航运输船队，前往马耳他岛会合，再转向西西里岛。为掩护登陆编队的海上航渡，盟军在墨西拿海峡展开2艘航母、4艘战列舰、4艘巡洋舰和18艘驱逐舰，在突尼斯海峡展开了2艘战列舰、2艘巡洋舰和6艘驱逐舰。英国海军出动"无敌"号和"无畏"号航空母舰还向希腊方向佯动，迷惑敌人。至8日傍晚，部队集结准时完成，没有发生任何意外。当时的天气也非常好，夕阳西下，红霞满天，微风徐徐，犹若耳语。9日，所有护航运输船队均抵达会合地域：运送美第7集团军第一梯队的船队在马耳他以西海域会合，运送英第8集团军第一梯队的船队则在马耳他以东海域会合，尔后驶向指定登陆地点。

登陆点为西西里岛的南滩和东滩，英军部署在东边而美军则向西。

7月9日中午过后，地中海上风暴骤起，狂风怒号，恶浪滔天，风力达到了7级，盟军船队在狂风巨浪中颠簸，船队的队形发生了混乱，运输船上的士兵都因晕船而呕吐不止。在马耳他指挥部里的将领们正密切关注着天气变化，如果风暴不停，登陆部队将无法进行换乘，整个作战计划将被打乱，几个月来的一切努力就会白费，艾森豪威尔面临着是继续前进还是返航的抉择。

此时，最紧张的当数海军总司令坎宁安上将了。只见他站在指挥室里，两眼密切关注着天气的变化。是继续前进，还是下令反航呢？他犹豫不决起来。如果继续前进，如此巨大的风浪，已使登陆舰颠簸不已，更别说登陆艇了。如果风浪不停止的话，换乘将无法进行。如果返航，几个月的准备工作将化为乌有。但多年的地中海航海与作战经验使他坚信，天气一定会好起来。他的态度坚定了亚历山大的信心，命令气象军官密切关注天气变化，迅速作出科学判断上报。几分钟后，气象军官来报："将军，这是从法国南部海岸刮来的北风，风势猛，来得快，去得快。我敢担保，到晚上22时，风就会平息下来。到进攻之时，天气就会好的，将军。"这位气象学家自信地回答。当亚历山大听完气象军官的报告，得知大风将在午夜停止，高兴得差一点跳起来。大风肯定会迷惑敌军，正是偷袭的好时机。时不我待，"行动！"亚历山大发出了进攻的命令。

在登陆部队的航渡过程中，德意军由于已经丧失了制空权和制海权，其航空兵和水面舰艇部队都无力进行阻击，那么唯一可以使用的就只有潜艇了，而事实上德意军也计划在地中海部署多艘潜艇，用以截击盟军的登陆输送船队，但由于德军投入的潜艇部队主力从6月22日起就一直在阿尔及利亚附近海域活动，留在西西里岛以南海域的只有6艘德军潜艇和9艘意军潜艇，这些潜艇先后击沉了6艘运输船、1艘油船和2艘坦克登陆舰。但盟军凭借其强大的反潜兵力对德意军的潜艇进行了反击，击沉德军3艘潜艇、6艘意军潜艇，还俘获意军"布朗泽"号潜艇。这样，除了狂风的影响因素以外，盟军的航渡还算比较顺利。

晚上10时30分，风势趋于平和，临到午夜，风几乎停止了。

西西里岛在望之际，第7集团军司令官巴顿中将把全体参谋人员集合到甲板上，发表了简短而鼓舞人心的讲话："诸位，现在的时间是1943年7月9日午夜12时过1分，也就是7月10日零时1分。我荣幸地奉命指挥美国第7集团军！它是午夜投入战斗，天亮前接受战斗洗礼的历史上第一个集团军。你们要为被挑选参加这次行动而感到骄傲，因为你们被授予了进攻和摧毁敌人的权力，你们手中掌握着美国陆军的光荣和世界的未来。注意，你们值得获取这种伟大的信任。"

▲ 盟军船队正驶往西西里。

巴顿老战友休伊特海军中将特地为他们安排了庄重的出征仪式，他向副官下达命令，一支海军仪仗队踏着正步走来，举着海军赠送给巴顿的礼物——一面美国第 7 集团军新军旗，巴顿激动得热泪盈眶，眼睛里闪着自豪的光芒。此刻，他觉得不是站在甲板上，而是站立在荣誉的顶端。

1943 年 7 月 10 日凌晨 2 时 45 分，西西里岛登陆行动开始了。

No.3 失利的空降战

按照西西里岛登陆计划，盟军在登陆时两个集团军都使用空降部队，首先发动攻击，夺取纵深防御工事，保障登陆顺利实施。盟军使用的空降部队是英军第 1 空降师和美军第 82 空降师共 5,400 名官兵，这是盟军在地中海战区所能集结的最大空降兵力，由美军第 52 运输机联队的 1,500 架 C－47 运输机运送，出发机场是突尼斯的凯鲁万机场和苏萨机场，经佩拉杰群岛、马耳他至西西里，鉴于盟军的战斗机活动半径只能到达西西里岛南部，无法确保空中优势，因而在午夜时分开始实施空降，利用满月的月光，在月落前空降完毕。这是英美军在"二战"中首次大规模夜间空降。

由美空降兵第 82 师的第 505、504 团保障美第 7 集团军登陆，编为两个空降梯队。第 505 团及 504 团第 3 营为第 1 梯队，于登陆前在杰拉东北 6 公里的高地附近伞降，切断公路，阻止敌预备队增援，保障先头部队登陆，尔后协同登陆部队占领奥里弗机场；第 504 团（欠 1 个营）为第 2 梯队，用以增援第 1 梯队。由英空降兵第 1 师的第 1 伞降旅和第 1 机降旅保障英第 8 集团军登陆，也编为两个梯队。第 1 机降旅为第 1 梯队，于登陆前在锡拉库萨南侧空降，夺取扼守彭德格朗大桥，保障登陆部队通过；第 1 伞降旅为第 2 梯队，用于增援第 1 梯队。

参战的空降兵从 1943 年 4 月上旬起，在摩洛哥的乌季达进行临战训练，选择与战区地形相似的地区进行了多次实战演习。

6 月 10 日夜，空降部队和运输机部队的指挥员搭乘飞机对作战地区进行了空中侦察。

6 月 20 日，空降部队从训练地区转移至突尼斯的出发机场，进入最后的战前准备。

7 月 9 日夜间，按预定计划实施空降。

盟军空降兵在西西里岛空降登陆运用的是 CG－4 滑翔机。滑翔机是利用机翼在气流中产生升力的一种飞行器。本身没有动力装置，能自行起飞，从高处往下滑翔时，遇到上升气流还能升高。20 世纪德国滑翔机专家奥托·利连撒尔曾经说过："谁要想飞行，谁就得模仿鸟"。利连撒尔给自己安上了两只大翅膀，于 1891 年首次滑翔成功。最初的滑翔机主翼是用 6 条竹子做成骨架，中间交叉起来，随后蒙上布图饰成，后面装有尾翼，没有舵。乘坐者固定在主翼中部，上半身在主翼上面，下半身悬吊在主翼下面，操纵起来十分困难。在以后的5年中，利连撒尔又不断地改进滑翔机，在空中飞行了2,000多次，其中有一次飞行的最长距离为350米。CG－4型滑翔机正式用于生产是在1941年，它有钢制机身，也有木制机身，翼展长度为25.5米，也有14.6米长的。就CG－4的机头而言，包括驾驶员和助理驾驶员的座位和飞行控制系统，装载和卸载军人和军备的枢纽，以便能够顺利地完成空降任务。一旦要执行突击性空降行动，CG－4就可以运送13名全副武装的士兵，或者一辆军用吉普车和7名士兵，或者一辆75毫米的榴弹炮和操作员抵达目的地。此外，CG－4滑翔机还有一项特别的用途：配上专用的推土机，CG－4可以在运输机后面清理机场跑道。一般来说，滑翔机被C－47运输机拖曳着飞行时，每小时可以飞行200公里。在整个"二战"中，美军和英军共使用超过1.2万架CG－4滑翔机进行空降行动。

　　7月9日20时45分，美国空降兵第一次出现在战场上，他们是西点军校毕业的马修·李

▼ 英军伞兵部队整装准备登机。

奇微率领的第 82 空降师。李奇微于 7 月 9 日夜间，派他的校友詹姆斯·盖文率第 505 伞兵团从突尼斯登机，飞向西西里岛，共 3,405 人，由第 505 团团长盖文上校指挥，搭乘 C－47 运输机 226 架。起飞前，盖文接到上级通知，天气将要变坏，西西里岛的地面风速将达到每秒 15 米，但是空降仍按预定计划进行。当机群起飞后采取九机编队队形，由于飞行员缺乏夜间飞行经验，又出于隐蔽考虑不得使用无线电，机群队形散乱，因此机群偏离了航线，飞到了西西里岛东岸，找不到着陆场，只得再飞回海上重新进入，结果遭到德军高射炮的猛烈射击，被击落 8 架，击伤 10 架，还有 3 架迷航返回出发机场。

10 日零时 30 分开始伞降，由于队形被德军高射炮火打乱，空降过程持续了一个多小时，伞兵着陆也很分散，只有一个连降落在预定地点，其余伞兵都降落在距离很远的地方，最远的距离达 100 公里，盖文着陆的地方距预定地点足有 48 公里，加上着陆时风速达到每秒 15 米，很多伞兵被大风吹到石头、树木、房屋上，伤亡很大。当夜无法集合起来，只有空降在目标附近的伞兵连占领了一个公路枢纽。

由于强风导致运输机偏离了预定路线，并使部队分散开来，结果大约有一半的士兵没能到达集合点。但是降落在其他地点的伞兵都主动就地投入了战斗，尤其是盖文上校集合起 200 余人在比亚佐山阻击德军开赴登陆滩头的援军，战斗异常激烈，盖文身先士卒，亲自使用火箭筒向德军坦克射击。美军伞兵顽强拼杀，德军坦克被击毁多辆，被迫退出战斗，美军以阵亡 50 余人，伤 100 余人的惨重代价，阻遏了德军的反扑，有力支援了登陆滩头的部队。

美第 7 集团军先头部队于 10 日 2 时 45 分在杰拉登陆。巴顿鉴于第 1 空降梯队未完成预定夺取杰拉东北高地及机场的任务，确定第 2 空降梯队于 11 日夜在德军已经放弃距登陆场有 3 公里的法勒洛机场附近伞降，以增援登陆部队。

7 月 11 日夜间，李奇微又派出西点 1935 届毕业生含本·塔克中校指挥的第 504 伞兵团执行空降任务。当运载着 2,000 多伞兵的 144 架 C－47 运输机起飞，先头的两个小队于 11 日 22 时 40 分在预定地域顺利着陆，后续编队的飞机到达西西里岛时，由于己方海军舰艇和地面部队事先没有得到通报，把机群误作敌机进行了猛烈的射击。顿时，岸上和舰上的炮火一齐轰鸣。飞机仓皇躲避，许多飞机相撞起火，惊恐万状的伞兵慌乱跳伞，降落在方圆 100 公里的地域。总共有 23 架飞机被击落或相撞坠毁。有 6 架袭击后迷航返回出发机场，剩下 70 架飞机队形混乱，将伞兵投在机场以东的广大地区。伞兵着陆时又遭到自己登陆部队的射击。伞兵伤亡和失踪共 383 人，当时在法勒洛机场附近着陆的只有 400 人，因此对登陆战斗未能进行有力支援。作风凶悍的塔克中校把惊慌失措的部下集合起来，勇敢地投入了战斗。他们在缺少重武器的情况下，用步枪、机枪、手榴弹和火箭筒与德国人的坦克展开激战。当巴顿

▲ 美军指挥官向伞兵们下达作战命令。

将军登上滩头的时候，遇到的第一个指挥官就是塔克中校，当时他正扛着火箭筒起劲地打坦克。在夜间让一大群飞机在自己的舰队上空飞行是危险的，即使事先告诫军舰不许开火也是如此。这是美军指挥官指挥的严重失误。杰拉滩头的空投虽然很不成功，但它为日后的空降作战提供了宝贵的经验。

从 12 日晨起，登陆部队已经上陆，并向纵深发展，美军两个空降梯队的残余人员加入登陆部队行列，参加战斗。至 15 日 82 空降师参战 5,307 人仅剩 3,024 人，元气大伤，这才撤离前线休整。

英军的情况并不比美军好多少。7 月 9 日 18 时 40 分，英军空降兵第 1 梯队出发，共 2,578人，由第 1 空降旅旅长希克斯准将指挥，搭乘 137 架滑翔机，机群起飞后采取疏开的双机队形，距离西西里岛 2,700 米时由于来不及及时升高到预定脱钩高度，滑翔机只得在低空脱钩，因为高度太低，有 69 架没能进入岛上就坠入海中，机上所载的伞兵有 600 多人被淹死，载有旅长的滑翔机也降落在海面上，在滑翔机尚处于飘浮状态时旅长爬上机翼，后为盟军特种登陆艇救起送到岸边，一直过了整整24小时才赶到彭德格朗大桥。进入岛上的滑翔机，只有2架降落在彭德格朗大桥附近，22架落在距离大桥1公里处，还有49架则远在10公里之外。英军的滑翔机部队境况更差，12架滑翔机中只有1架在目标地点着陆，大部分坠入大海。

10日清晨，有80余名伞兵在威瑟斯中尉指挥下赶到大桥，并一举将守桥意军消灭，夺取了大桥。中午，意军在坦克掩护下进行反击，英军空降兵兵力薄弱，弹药消耗殆尽，难以抵抗，16时许，大桥又被意军夺回去。但才过了半小时，英军登陆部队的先头部队就赶到了，重新夺下大桥。

12日日落时分，英军登陆部队已占领了西西里岛南部，为保障部队继续向北推进，第8集团军司令蒙

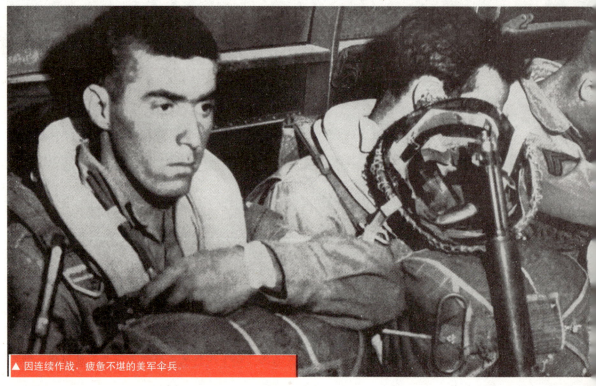

▲ 因连续作战，疲惫不堪的美军伞兵。

-92-

▼ 在西西里空降行动中阵亡的美军伞兵。

哥马利决定改变空降部队第 2 梯队的任务，用于夺取前进道路上的卜利马索尔大桥。第 2 梯队共 2,077 人，配属 10 门加农炮、18 辆汽车，由 116 架运输机和 19 架滑翔机运送。13 日 19 时 20 分，机群起飞，由于临时改变计划，组织仓促，甚至没有通报给海军，以至于机群在飞越己方舰队上空时，竟然遭到了己方军舰的射击。盟军舰艇根据见了飞机就打的习惯，击落 14 架运输机，击伤 35 架，还有 25 架因突遭攻击，为躲避攻击而与队形失散，最终迷航返回；滑翔机也有 4 架被击落，另有 1 架因伤重坠海。其余飞机于 22 时许到达卜利马索尔大桥，由于机群队形散乱，伞兵着陆也非常分散，14 日 1 时只集合起 200 余人，途中又陆续收拢约 50 人，于 4 时向大桥发起攻击。在英军空降之前，德军就意识到盟军极有可能夺取卜利马索尔大桥，于 13 日傍晚，派出德军第 1 空降师的第 4 团第 3 营在大桥伞降，以紧急加强大桥防御力量，因此当英军伞兵着陆时，遭到德军伞兵的攻击，双方伞兵展开了激战，英军凭借人数上的优势，击退了德军，夺取了大桥，并迅速在大桥两端构筑工事。中午，

德军伞兵从桥南，意军守桥部队和德军增援部队从桥北，开始实施两面夹击，英军因伤亡惨重，于 18 时被迫放弃大桥，但在此后的两天里，英军伞兵仍不断组织攻击，与德意军反复争夺，直至 16 日晚，英军登陆部队主力到达，这才完全控制了大桥。

盟军在西西里岛登陆战役中，先后实施了 4 次空降，共出动运输机 642 架次，滑翔机 153 架次，空降总人数 9,816 人，其中伞降 7,816 人。但 4 次空降作战均未达成任务，空降兵伤亡 1,500 余人，占总人数的 15%，运输机被击落 45 架。击伤 86 架，失踪 25 架；滑翔机被击落 69 架，着陆时坠毁 15 架，失踪 10 架。这些损失的 70% 都是己方部队造成的。

盟军首次大规模空降作战，以严重失利而告终。被认为是一次一无所获的空降，战役结束之后，许多盟军将领认为组织实施大规模空降战是得不偿失的，从而怀疑甚至降低空降兵的作用。美国陆军地面部队司令麦克奈尔也因此建议将空降战限制在营级甚至更小的规模，并要求将空降师从军队序列中删去。事实上这种认识是片面的，这种错误认识一度使盟军在诺曼底登陆中的空降战产生了许多曲折。西西里岛空降战失利的原因有计划准备不充分、海陆空三军缺乏密切默契的协同配合、通讯联络不畅通等。

盟军总司令艾森豪威尔在给美陆军参谋长马歇尔的备忘录中则说得比较中肯："即使在白天，想要避免这种己方地面部队对我空中飞机的误击现象，也十分不容易。根据投入战场的盟国空中力量计算，我们应该掌握着制空权。在保证掌握制空权的条件下，己方的飞机沿规定航线作水平飞行，仍然遭到自己方面的射击，实在是一件不应该发生的事情。为了解决地空识别问题，十分恼火的斯巴兹曾告知阿诺德，当然，这也代表我的观点：今后，为避免发生此类亲者痛仇者快的事件，陆空部队必须加强空地识别与相互配合，否则的话，空军将在后续的战役中拒绝受领任务。从总的战略态势上看，盟军方面处于相对优势，特别是在掌握有制空权的前提下，地面部队大可不必一见飞机便对空开火。应该按照先观察识别，后采取处置行动的基本程序。"这就是艾森豪威尔能够担任总司令的高明之处，对流出的每一滴血都进行经验与教训的总结，而不是互相埋怨与推卸责任。

No.4　抢滩登陆战

海上登陆是在空降行动大约 3 小时之后发起。

盟军地面部队的登陆行动比空降兵的行动运气要好得多。首先是恶劣的天气使德意军认为盟军不可能在这种时候登陆，因此戒备非常松懈。白天的恶劣天气虽然增加了盟军航行的困难，但也帮助他们出奇制胜。由于北非的失守，西西里意大利的岸防部队就一直处于戒备状态，小心翼翼地警戒着海岸线。7月9日的狂风巨浪使他们暂时松了一口气，德意军队认为今天晚上总算可以痛痛快快地睡一觉了。甚至德国搜索雷达站的工作人员们不相信他们在屏幕上所看到的巨大"亮点"，一直等到天亮后才去报告。谁知盟军偏偏是在今天晚上来端他们的老巢。盟军以排山倒海之势向西西里岛杀了过来。实际上，早在7月8日，意大利海军副参谋长桑森内蒂就告诉在意大利的潜艇司令，盟军随时可能在西西里登陆。就在那一天，盟军侦察员使用的几条折叠式帆布艇被杰拉海滩上的守军发现了。7月9日3时20分，在班泰雷利亚岛以南，守军发现了一支登陆输送队。意大利海军参谋长估计，这支登陆输送队可能去马耳他加入其他登陆输送队，在风暴停息后，他们将全部进行登陆。然而，西西里岛守军并没有引起警觉。

这样，在巴顿和蒙哥马利指挥下，分乘3,200艘军舰和运输船的16万美英登陆大军，在1,000架飞机掩护下，在西西里岛的西南部和东南部实施了突然性登陆。由于亚历山大将军准

▼ 美军部队登陆上岸。

▲ 英军登陆部队将武器装备输送上岸.

备的整个登陆计划十分粗糙，给两个军团提供了各自行动计划的空间，更何况原有矛盾的巴顿与蒙哥马利本来就不想进行合作。因此，整个登陆行动中，双方军队很少合作。

　　7月10日3时，登陆行动开始，在距离海岸约12,000米处第一批部队从运输船换乘小型登陆舰艇，在扫雷舰和猎潜舰的护卫下向登陆地点冲击，将部队运上岸后，登陆艇再返回运输船接运第二批部队，如此循环往复，将登陆部队全部送上岸。

　　震耳的飞机声惊醒了西西里岛海岸边睡梦中的意大利士兵，看着低空掠过的密密麻麻的飞机，他们打着哈欠不以为然，反正几天来都是如此。当目光转到海面上时，他们张大的嘴再也合不拢了：在朦胧的月色中，海面上大大小小的军舰冲向岸边，多得数也数不清。军舰的炮口红光一闪，飘出一股浓烟，不久闷雷一样的巨响就在他们的头顶连成了一片。

　　更令他们吃惊的是，一些方头方脑的舰艇一直冲上了海滩，然后舰首的舱门徐徐放下，两列士兵跟着中间的坦克直接冲上滩头，向他们逼近过来。守军的心理防线崩溃了。这是美国专门建造的新式登陆舰艇和工具坦克登陆艇，第一次使用就大规模投入到西西里战役中。这是一种100米长的长方形的吃水浅的平底船，有一个巨大的舰首跳板，登陆艇是34米长，类似一个浮动的铁路上的无顶平板货车。这些登陆舰艇可以靠上海滩，放下舰首跳板，使坦克、火炮和车辆经过跳板开到岸上。

　　实际上，德意军队虽然被打了个措手不及，但登陆并不顺利。英军有许多登陆艇被海岸附近的沙丘阻碍，无法上岸，也就无法将包括火炮和坦克在内的重武器运上岸，如果意军进行坚强防御并实施反击，那就非常危险了。幸亏在海滩设防的意军部队是由当地人组成的杂

◀ 盟军登陆船队遭到了西西里守军岸炮的攻击。

牌军，厌战反战情绪很强，对纳粹德国极其反感，见盟军来到，有的乘机逃回家，有的则向盟军投降，以至于有英军军官戏称："大批意军主动蜂拥前来投降，使部队面临被踩踏的危险甚至比被子弹打死的危险还大！"

英军并没有在奥古斯塔港或锡拉库萨港登陆。登陆实际上是在阿沃拉－卡西勒地带进行的，该地带是在奥古斯塔以南40海里处。意大利陆军抵抗有限，但其海军竭尽全力在岸上组织抵抗到最后，方才投降。

奥古斯塔－锡拉库萨海军要塞地区是由一条长约35公里宽约六七公里的海岸地带组成的。由于它是海军基地，所以防御来自海上的攻击为海军的职守所在。该基地共计有6座大中口径的海岸炮台，还有15个76毫米高射炮组。炮兵都是训练有素的，但炮本身却已因久用而耗损了。

在这次世界大战里，没有一次登陆战是对着大军港或海军基地进行的。而且大家公认登陆战是不能对着防御良好的海岸进行的——至于大型海军基地则更不在话下。但凭着空军和新式装备，如今登陆部队可以迅速从岸上侧翼登陆以进迫港口，例如新加坡军港尽管防卫周到，却被日军越过半岛加以攻破。此外，如卡塔罗港、萨拉明纳港、托布鲁克港、塞瓦斯托波尔港、奥兰港、阿尔及尔港、比塞大港以及土伦、瑟堡、那不勒斯、布勒斯特诸港都是在类似情况下陷落的。因此，虽然奥古斯塔－锡拉库萨地带的防卫完全能应付来自海上的攻击，海军却担心陆军方面未有必要的手段以防止敌之迂回侧翼的登陆。上述防御地带的陆上周边，总计约 100 公里。在 7 月初只有 2,000 名陆军人员，其中绝大部分来自有限期的后备部队，武器装备较差。这些军队又分散在 100 个左右的据点里，只配备有机枪。此外，陆上几乎没有大炮。

从陆军方面看来，这些地区的防御部队不过是用来对付初期攻击的阻滞部队，因为一旦受到威胁，则部署在内陆的第 16 兵团便会立即前来接防了。该地带的海军司令勒昂纳迪少将不是向海军总部负责，而是直属于西西里陆军司令古佐尼将军的。极为关心陆上防务薄弱的勒昂纳迪少将，累次申请把这些地带地面防务的指挥权移交给陆军，以便让其专责海上防御。他的申请没有得到理睬。

从 7 月 10 日凌晨起英军第 8 集团军开始登陆，尽管风和海浪很大，但蒙哥马利的登陆部队非常顺利，没有遇到什么抵抗。第 5 步兵师皇家苏格兰燧发枪团在上午 9 时就从主要公路占领了锡拉库萨。锡拉库萨是个大港，完好无损地被登陆部队占领。在凌晨的几个钟头里，驻在奥古斯塔港的 400 名德国水兵，事前并未通知任何人，突然把他们的军事设施破坏了并

▼ 登陆后的美军在领取作战任务。

弃城向北逃窜，又把该处所有尚未派定职守的意德军队全给带走了。这样一来，使留在奥古斯塔港的兵力只剩下意海军水兵3个教导连再加上海军基地的一些勤务部队。英国皇家海军赶在陆军之前驶入了奥古斯塔港。在诺托湾登陆的第30军也取得了胜利。蒙哥马利共得到了两个补给港，建立了巩固的补给基地。英军第一天就攻占了宽100公里，深10至15公里的登陆场。而当时巴顿却连一个补给港也没有，全靠从滩头得到支援，其中至少有一个滩头遭到德军的猛烈攻击。由于蒙哥马利优柔寡断、行动迟缓，没能按照自己所说的以闪电式的速度向北推进，很快就被敌人拖住了。

美军登陆的秩序比英军混乱得多，绝大多数登陆艇的驾驶员都是新手，甚至有些人在这之前连大海都没见过，在狂风巨浪中行动还是第一次，登陆又选在难度极高的夜间。虽然是满月，月光明亮，又有潜艇设置的灯光浮标，但还是有很多登陆艇迷失方向，有的触礁搁浅，有的在错误地点上岸，即使在正确地点上岸，毫无作战经验的士兵，畏缩在登陆艇舱里，盲目射击，也不敢冲上海滩，最后在军官的一再督促和带领下，才踌躇着冲上岸。

美军第7集团军第1梯队的运输任务由海军3支攻击部队承担，他们的代号为"菩萨"、

"角币"、"分币"。计划中的登陆海滩有 110 公里宽，"菩萨"运送特拉斯科特将军指挥的第 3 加强师到利卡塔；"角币"运送艾伦将军指挥的步兵第 1 师到杰拉以及南面的 3 个登陆点；"分币"运送米德尔顿少将的步兵第 45 师到斯考格利蒂北面和南面的 5 个登陆点。巴顿随"角币"去杰拉，把空降兵第 82 师作为战略预备队。

美军第 3 师突击队首先登陆，他们按计划规定时间占领了预定登陆点利卡塔附近海滩。

紧接着艾伦的步兵第 1 师也开始了登陆。

步兵第 1 师是一支骁勇善战的部队，指挥官是艾伦和奥多·罗斯福，他俩虽都反对崇拜偶像，但两人各有各的弱点。艾伦过于自作主张，好发脾气，奥多·罗斯福有严重的关节炎，爱喝酒。两人经常顶牛。但是论指挥打仗，没有比得上他们的。他们与士兵的关系极为融洽。艾伦个性固执倔强，奥多·罗斯福生性粗野，整个步兵第 1 师上下都受他们的影响。

巴顿一开始不喜欢艾伦，因为他倔强，难以指挥，有时他称艾伦为"傲慢的家伙"，即使如此，巴顿还是觉得这次战役缺了他不行。他觉得步兵第 1 师从突尼斯回来后变得像一个难以管理的孩子，其主要原因还是受两位指挥官的影响。但其战斗力还是比较强的，且能打

◀▼ 盟军船只被击中后爆炸。

硬仗。但个人主义表现大强，纪律性太差，而且像艾伦一样难以驾驭。这种现象当时艾森豪威尔也已看得清清楚楚，他打算将这个师暂时搁置不用，而将新建的未参加过战斗的步兵第36师拨给巴顿参加西西里战役。巴顿一听到这个决定，立刻闯进艾克在圣乔治的办公室，大声吼道："我要那些狗娘养的！没有他们，我不干！"最后艾森豪威尔终于做了让步。巴顿的这个决策是非常英明的，在西西里战斗中，步兵第1师表现得异常勇敢，战果非常突出，没有辜负巴顿对他们的期望。步兵第1师的一艘登陆艇在沃尔特·格兰特少校的指挥下靠岸后，士兵们便高叫着冲向沙滩。格兰特少校第一个跳上岸，带领着士兵迅速四下散开，有组织地在前冲。他冲着英勇的士兵们高叫："朝前挺进！不准停！跑步！"

第45师和加菲的第2装甲师等部队也相继在斯考格利蒂北面和南面的5个预定登陆点实施登陆。

登陆进攻几小时后，巴顿就组织后勤部队将火炮和坦克等重武器陆续运上了海滩。

在杰拉湾，达比中校领导的突击队英勇无比，当他们接近海岸时，突然遭到敌人岸防炮火的猛烈轰击。但是，休伊特将军立即命令美军驱逐舰和巡洋舰以强大的火力予以还击，在美海军强大火力的压制下，敌人的岸防炮很快就变成了哑巴。突击队员在达比的带领下快速

▼ 一名战地记者不失时机地拍下了巴顿（中）涉水上岸的镜头。

地登陆，并立刻向杰拉城发动了猛烈的攻击。米德尔顿的第45师由于缺乏实战经验，登陆后陷入一片混乱，但最后也向前推进了5公里。

登陆进攻刚刚开始，意大利军队沿西西里海岸的抵抗就全线崩溃了。进攻杰拉的突击队报告说该队于上午8时夺取了该城。在内地敌人还不知道的情况下，利卡塔就迅速被攻下。在第7集团军战区，意大利军不是缴械投降就是仓皇穿过沿海平地向后面的丘陵地溃退。夺取滩头的战斗就这样迅速地结束了。

战斗的第一天，巴顿非常满意，各部队官兵的英勇作战，使美军轻而易举地夺取了滩头阵地，并向内地发展攻占了几个中小城市。但巴顿对空军在第一天作战中的表现极不满意。空军支援地面的战斗，不是帮不上忙，就是帮倒忙，盟军部队在船上或在岸上都遭到了自己飞机的轰炸，造成了重大损失。休伊特在总结报告中指出："我们海军认为，空军在支援西西里登陆战役中是没起任何作用的。"上岸后的当天，巴顿和布莱德雷发生了争吵，巴顿越权命令"大红一师"攻击德军坚固的阵地，结果大败而回。布莱德雷恼怒万分，责问巴顿为何不与他商量，弄得巴顿只好道歉。巴顿事后向艾森豪威尔说布莱德雷"不够勇敢"，而布莱德雷坚定地认为鲁莽和勇敢有严格区别。

另外，第45师在第一天的登陆作战中表现也不怎么好。年轻的工程兵受命清理滩头的物资，他们完全不听指挥，甚至发生了哄抢堆放在附近的私人行李的事件。目前，该师占据的一些滩头，拥挤并混乱不堪，使得第45师登陆行动暂时停下来，不得不派海岸后勤工作队四处搞清理工作。

可喜的是这一天美军首次使用了"通用"汽车公司生产的新式2.5吨重的水陆两用汽车，既能涉水，又能在陆上行驶。水陆两用汽车不大，不能装载一辆坦克，但可装载一门105毫米火炮。这种水陆两用汽车从坦克登陆舰上驶入水中，用自己的推进器航行上岸，然后用车轮驶入内地。这次大批使用防止了美军在滩头地区补给的完全崩溃。美军士兵管这种汽车叫"水鸭"，效果很好，对顺利实施登陆作战发挥了重要作用。它如同坦克登陆舰一样，在沼泽地上通行无阻，行驶不需要堤道，可以把物资从船上直接运到滩头的任何地方，甚至可以运到设在内陆的补给品堆积站。

日落前美军控制了3处各宽12至15公里，纵深3至5公里的登陆场。美军共俘敌4,000名，战死58名，受伤199名，失踪700名。

第一天（10号）傍晚，艾伦将军在岸上指挥所向巴顿报告说：德军在距步兵第1师阵地只有几英里的地方集中了100辆中型和重型坦克。这就预示着德意军队第二天就可能发动较大规模的反攻。

　　巴顿此时清楚地意识到，美军的当务之急是把火炮和坦克运上岸，否则，如果第二天敌人的装甲部队发动全面反攻，后果将不堪设想。因此，巴顿立即改变了作战计划，命令第2装甲师和第18团停止前进，迅速做好战斗准备。在巴顿的指挥下，装甲部队连夜做好了部署，巴顿信心十足，决定亲自参加第二天的战斗。

　　第二天天一亮，古佐尼就下达命令，让戈林装甲师和利沃德师分别从东西和西北两个方向对美军进行夹击。

　　7月11日上午6时35分，意大利的俯冲轰炸机开始向杰拉登陆地区海上集结的船只进行猛烈的轰炸。

　　6时40分，德国的坦克部队冲破了美步兵第1师第26团第3营的防线。

　　戈林师是从卡尔塔吉罗内分兵两路向杰拉逼来的，冲破第3营防线的坦克，属于德军康拉特将军的右战斗群，他们想夺取昨天意大利坦克丢下的地方。

　　步兵第26团的指挥所在离杰拉不远的地方，他们对敌人的进攻没有准备。团里的反坦克炮昨天在坦克登陆舰被炸毁时已全部报销了。德军现在有60多辆坦克对其防线发动冲击，而26团却只有两辆轻型坦克，师炮兵运上岸的大炮还在沙滩上没有运过来。步兵第26团其他营虽然对3营进行了策应，但力量还差得很远。于是，奥多·罗斯福在26团指挥所与艾伦通了电话，向他通报了情况："情况不太妙，我们已经与3营失去了联系，请问那些支援的中型坦克何时能上来，如果坦克上不来，要想打退敌人的反击，攻占蓬特奥利机场看来是很难办到的。"

　　于是奥多·罗斯福便回到了师部去督促坦克部队，他想，不能看着步兵第1师就这样被彻底打垮。

　　上午9时30分左右，巴顿对步兵第1师的危难处境一无所知，因为他与其通讯联络已中断。为了同岸上部队取得联系以便统一有效地指挥，巴顿在参谋长盖伊、副官斯蒂尔的陪同下，带着几名士兵离开休伊特将军的旗舰乘登陆艇登陆。他从头到脚修饰得漂漂亮亮，显得非常神气。他脚蹬一双锃亮的高筒皮靴，身穿紧身马裤和漂亮的毛料衬衫，上面佩戴着三个勋章。正规地扎着领带，腰上插着一支柄上镶着宝石的手枪，脖子上挂着一副大号的望远镜和一块地图板，头戴钢盔，嘴里叼着一支大雪茄。由于汽艇靠不了岸，巴顿便涉水前进。看到被反步兵地雷摧毁的两辆"都克乌"（一种载重量为两吨半的水陆两栖卡车）和7部开上了海滩的小型登陆艇。此时，正值一位战地摄影师在抓拍西西里战役的实战镜头，当他发现衣冠楚楚、肩上挂着一支卡宾枪的巴顿将军时，立刻将照相镜头对准了他，拍摄下了进军西西里值得纪念的镜头。就在摄影师拍照时，一颗炮弹在巴顿身边不远处的水中爆炸了，用的可能是一门 88 毫米或 105 毫米的火炮。炮弹落在离海岸大约 50 公里的海里，掀起的浪花溅得他浑身都湿透了，他毫不在乎地拍打着身上的水对盖伊将军说："没关系，哈普，有前面的城镇给我们遮蔽，杂种们是打不着咱们的。"

艾森豪威尔将军在 7 月 17 日给马歇尔的信中激动地描述着抢滩登陆时的情景："……上个星期一早晨，我沿美军海滩巡视一周，亲眼目睹了卸载工作的情形，并借这一机会与赫威特及巴顿会面。在我的视野中，数百艘船只与各型登陆舰陈列海上，由卡里塔逶迤向东，其威武壮观之场面，确实令人难忘。更使我感动的是，全体官兵们战斗情绪高昂，人人忠于职守，英勇作战……"根据统计，登陆后的两日内，盟军上陆人员已达 8 万，车辆 7,000，坦克 300 辆。新开辟的简易码头已投入使用，进攻部队还占领机场 6 处，并正在抢修之中。

No.5 "神奇纸弹"

在 7 月 9 日夜晚抢滩登陆中，几名美军炮兵把一颗特别的炮弹推进了瞄向敌人堡垒的野战炮炮膛。炮兵指挥官听说，是蒙哥马利将军亲自下令使用这批炮弹的，而且还要数 10 小时不间断地发射。大炮冒起白烟，炮弹呼啸着飞向敌人的阵地，紧接着，在遥远的地方响起了

▼ 蒙哥马利与手下将领一起研究西西里岛作战计划。

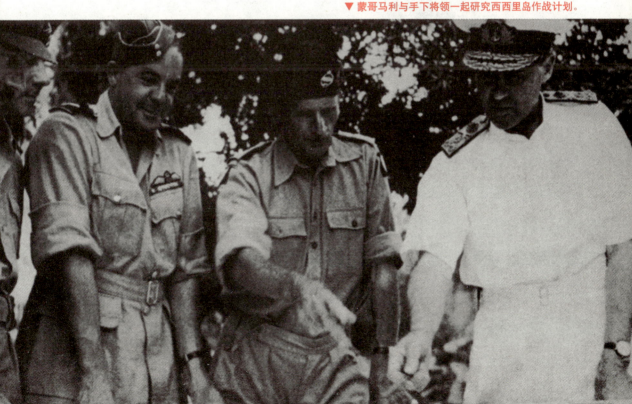

一声微弱的爆炸声。炮手感到十分懊丧，自言自语地骂起来："真是活见鬼，哪有用塞满了结婚彩纸的炮弹打敌人的！"

　　这就是盟军在西西里岛登陆作战中使用的一种"神奇炸弹"，这种"神奇炸弹"是利用大炮发出去的心战传单。对于这种"神奇炸弹"的巨大作用连一向自负的蒙哥马利将军都说，为盟军作战行动的顺利实施立下了大功。

　　原来第二次世界大战爆发后，为减弱或瓦解敌人的抵抗意志，盟军就极其重视心理战的研究，并将其视为一项事关战争全局的重要任务。为此，盟军专门成立了欧洲战场上唯一一具

▼ 意军官兵表情轻松地向英军投降。

有军事身份的心理战机构——心理作战处，使之成为对德军心理作战的骨干力量。

　　为配合盟军西西里岛登陆作战，6月初，曾在北非战役中成功指导盟军实施宣传心理战的美国记者约翰·惠特克带领美军作战宣传中队来到意大利南部西西里岛的巴勒莫市，开始了"纸弹"的最初表演。但这次投放很不理想，因为投放宣传弹方法很简单，即利用飞机空投的方式进行。先将传单分成若干小捆，一次性地从飞机上投下去，当传单下降到一定高度后，便自行散落到地面。采用这种方法，仅有3%左右的传单能够到达宣传对象的手中。而如果飞机在1万米高空投掷传单，还将出现97公里的偏差。于是心理作战处对投放方式作了进一

步的改进。

如何利用现有少量投放兵器，提高投放的准确率？宣传中队的门罗少校分析了此前的投放情况后认为，造成投放不准的主要原因是高度问题，越高投放的传单就越容易受到高空气流的影响。为此他做起了"缓冲定点投放"的实验和鉴定。即：当满载传单的飞机抵达预定目标上空后，机上的弹舱开启，10个传单容器（每个容器内装有8万份传单）急速向地面坠落，当容器下降到距离地面约800米高空时，装在容器内的气压引信自动引爆，容器外壳被炸裂，传单再飞出，准确地散落在大约5平方公里的土地上，如果气候条件良好，效果会更佳，每晚大约可以散发100万份传单。"门罗弹"试验得到了空前的成功。

于是，美军决定以第8航空队的12架飞机为班底，成立一个特别空投小队，专门担负"门罗弹"的空投任务。有了"门罗弹"的启示，英军也不甘落后，一名陆军上尉又对利用大炮发射传单进行了新的改进和尝试，发明了一种能把大量传单装进炮弹而在发射过程中毫发无损的办法，如一次至少发射25发炸弹，使长、宽各为500米的区域达到"传单饱和"。此外，盟军还采用各种发射方式，使敌人能够在各个地区得到更多的传单。

然而，利用空投和炮弹发射传单的行动最初并没有得到多少理解，尤其一些职业军人更是对它嗤之以鼻。他们根本不相信这些花花绿绿的纸条能够让敌人自动放下手中的武器。如在阿拉曼战役时，英国的蒙哥马利元帅就曾经说："我的部队不需要宣传车，我需要的是飞机、大炮和坦克。"更有甚者，一些盟军驾驶员也不愿意在飞行时携带花花绿绿的宣传品，步兵巡逻队也不喜欢把它带到敌后去散发，炮兵对发射这类"哑弹"更为恼火，他们常常边干边发牢骚，有时还消极怠工以示不满。但经过盟军西西里登陆战役一战，所有那些对"纸弹"有过不正确认识的人都对它刮目相看。

美军针对意大利军队中许多人已经开始讨厌法西斯战争的心理，在各个前沿阵地向意大利军队发射了数以百计的"传单炮弹"。这些传单告诉意大利士兵，希特勒的最终目的是要把意大利变成血与火的战场，而他们作为纳粹德国的马前卒，正在帮助希特勒实现这一罪恶目标。传单指出：意军目前已经被四面包围，陷入了毫无希望的困境，任何抵抗都将导致毁灭和死亡。而凭着这些传单作为"投降证"，他们可以到盟军的后方领取食物并获得安全保障。在前面讲意大利语的美国士兵，还不断地向敌人朗诵这些传单，扩音器昼夜不停地播放着传单上的话。岛上到处都可以听到登陆盟军的宣传。

7月10日，天刚蒙蒙亮，美国的中型轰炸机群又在守岛敌人的后方扔下了许多"投降证"。大量的意大利士兵从早上起，人人手里拿着一份白色的传单跑过来，向美军投降了。

在盟军围攻的强大压力下，传单宣传的效果越来越显著。开始，意大利官兵是几十名一

▲ 巴顿与蒙哥马利在一起。他们分别指挥美军和英军地面部队参加西西里岛战役。

批地过来投降；后来是数百名官兵一起拿着传单作为"通行证"，跑过去向盟军投降。意军一上校说："盟军的宣传给我们带来了灾难，就那么一张小小的传单，你读过之后，就认识到政府是在向我们撒谎，再也无心作战了。"不久，守卫西西里岛的10多万意大利军队全部投降了。

在此后的几天中，美国的中型轰炸机群又在敌人后方扔下了更多的"投降证"。就在传单散发后的第二天清晨，一批意大利士兵从自己的阵地跑了过来，他们每个人的手中都拿着一张白色的传单，有的人还忐忑不安地问道："这是投降用的凭证吗？"在得到肯定的答复后，他们全都欢欣鼓舞地交出了手中的武器。

第三天，更多的意大利士兵悄悄地出现在美军的阵地前，开始是数十名一批，后来则是成百名地拿着传单跑了过来。有一次，两个意大利军人带着传单投降后，告诉美军心理战官员说，他们连队还有60多人想来投降但又不敢过来，因为他们手中没有"投降证"，于是，美军马上派人带上"投降证"，将这些人全部带了过来。还有一次，一名意大利士兵专程过来要求再给他一份传单，以便让他的弟弟也能前来投降。

西西里岛传单攻心战的成功极大地改变了人们对散发传单的偏见。曾经公开称过"我的部队不需要宣传车"的蒙哥马利此后一反故态，亲自命令各部队要连珠炮似的发射这种宣传炮弹，美国的巴顿将军也命令所属各部必须在阵地前沿散发类似的宣传手册。

后来，盟军心理作战处的一位官员深有感触地说："散发传单几乎像空袭一样有着致命的打击力量。每散发一批传单，就等于拯救了许多美国士兵的生命。"以后在每次作战中，"门罗式纸弹"成为著名的心战杀手，到第二次世界大战结束时，盟军总共向敌方散发了传单和其他宣传品约15亿份，仅用于印刷传单用的纸张消耗每个月就高达140吨。"纸弹"在西西里岛登陆战役中的巨大效果得到了整个盟军全体官兵的认可，盟军士兵都曾这样说："西西里岛不是我们用飞机大炮夺取的，而是用'纸弹'攻下来的！"

▲ 登陆后进行集结的美军。

第五章

鏖战西西里岛

　　以尽快的速度，向一切可以推进的地方前进……要迅速地、无情地、勇猛地、无休止地进攻！

——美国陆军中将巴顿

No.1 德意军队的反击

西西里岛守军好几天都没有从空中侦察中获得关于敌方准备的情报。但意大利海军总部于 7 月 9 日 18 时 33 分报称有一架德国飞机于 16 时 30 分在马耳他岛外面发现有敌军舰和登陆舰向北移动。证实了敌军进攻西西里之战业已开始。意大利海军总部立即下达战斗命令给驻防西西里的意德潜艇和鱼雷快艇部队。以特腊帕尼港为基地的意鱼雷快艇因该地区的气候恶劣，不能出动。

以安佩多克勒港为基地的德国鱼雷快艇则乘夜出动到利卡塔港附近，但在该处为盟军的坚强的反击措施所击退。

墨索里尼的老将，66 岁的古佐尼将军对盟军的登陆进攻迅速作出了反应。天还没亮，他便命令守在尼斯切米和卡尔塔吉罗内的意大利坦克部队和德国装甲部队向杰拉登陆的盟军发起了反击。德国人的行动比较缓慢，慢慢腾腾。其原因是德军还没有弄清盟军的主要突击方向，凯塞林元帅通过无线电指示戈林师的指挥官康拉特少将，等弄清美军的行动意图之后再组织反击，德军的行动缓慢给了达比突击队一次机会，否则的话，突击队可能要遭受灭顶之灾，或被撵进大海。

意军地面部队抵抗微乎其微，但德意军航空兵的反击却相当凶猛。早在 7 月 9 日 16 时 30

◀ 德军潜艇发射的鱼雷险些击中英驱逐舰。

▶ 美军舰炮为登陆部队提供火力支援。

分，登陆部队还在航渡过程中，就被一架意军侦察机发现了，随即德意军在西西里岛上和撒丁岛上的航空兵便进入高度戒备。20时许，轰炸机和攻击机先后起飞，于7月10日黎明时分，向盟军登陆地点附近的舰船实施了猛烈攻击，击沉驱逐舰和猎潜舰各1艘，击伤驱逐舰和潜艇各1艘。

天亮后，德意军大批飞机从意大利起飞，先在撒丁岛着陆加油，再起飞攻击盟军舰船，德军梅塞施米特－109战斗机大显神威，击沉了2艘坦克登陆舰，击伤1艘驱逐舰，还击落了英军2架从巡洋舰上弹射起飞的水上飞机。全天意军出动飞机198架次，德军出动283架次。

在盟国空中力量掌握着绝对制空权的情况下，德意军航空兵能取得这样的战果，完全出乎意料，主要原因是盟军过于夸大空军的作用，强调实施远距离空中支援，忽视直接空中支援，使得登陆舰队在7月12日之前几乎没有得到空中掩护，甚至有过德军一个32架飞机组成的大编队飞越舰队上空时，竟无一架盟军战斗机进行拦截！在登陆部队迫切需要空中支援时，由于指挥程序繁琐，或是引导不准确，飞机经常不能及时到达指定地区。而担负登陆地区空中巡逻的战斗机数量又太少，通常只有4至8架，起不到应有的作用，因此使海军舰船遭到了不必要的损失，也使舰队在频繁的对空射击中，难以有效区分敌我，最终导致了空降作战中的误击悲剧！

▲ 德军飞机向美舰攻击。

在德意航空兵反击的同时，西西里岛上南线德军总司令凯塞林11日终于判明了盟军的意图，命令德军戈林师于次日清晨全力向杰拉的美军发动反击，并命令第15装甲师从巴勒莫迅速南下，协同戈林师先消灭美军，再沿环岛公路向英军反击。

7月11日，西西里岛守军在意军古佐尼中将指挥下开始反击。德空军出动了481架飞机频频轰炸盟军滩头部队，盟军飞机前来拦截，结果引起一场混战，盟军地面的防空武器不分敌我地进行炮击。德意军继续向盟军船队进行猛烈空袭，击伤4艘运输船，其中2艘遭到重创。7月12日以后，盟军意识到空中掩护的重要性，逐渐加强了对登陆部队和船只的直接支援和空中掩护，大大压制了德意军航空兵的活动。

但德意军队的陆上反击开始了。7月12日清晨，根据德军南线司令凯塞林的命令，德军戈林装甲步兵师和意大利的2个摩托化步兵师向巴顿的美第7集团军发起反击。德军坦克集群猛扑过来，美军第一线的部队由于反坦克炮和穿甲炮弹都随着昨天被击沉的那艘坦克登陆舰沉入海底，所以只有寥寥数门反坦克炮，配属的坦克更是只有2辆，其余坦克都因为海滩上地雷没有及时清除而无法上岸。面对德军坦克的冲击，美军使用了所有手段，反坦克火箭筒、反坦克炮、反坦克手雷，但德军坦克数量很多，特别是"虎"式重型坦克炮坚甲厚，美军一筹莫展。眼看着德军突破了防线，势如破竹直向滩头冲去，紧急召唤空中支援又毫无踪影。布莱德雷不停地埋怨近距离空中支援的薄弱，他的部队整天盼望空中支援能到来。激烈的战斗持续了一天，德军坦克几乎推进到距美第 7 集团军滩头阵地不足 2 公里处。

第 7 集团军司令巴顿亲临前线指挥美军奋力反击，命令身边的海军岸上火力控制组火速与海军联系，请求海军舰炮支援，正在杰拉湾的美军"博希斯"号和"萨凡纳"号巡洋舰立即以 203 毫米舰炮轰击德军坦克，"虎"式重型坦克的装甲再厚也难以抵挡 203 毫米重炮，转瞬之间，就被一一炸毁。战至傍晚，德军损失大批坦克，被迫撤退，德军的反击就这样被盟军海军舰炮粉碎了！

No.2　杰拉大激战

在德意军队的反击期间，巴顿狂放急躁的老毛病又犯了。当战斗进展不顺时，他便跑到前沿阵地亲自指挥作战，结果有 10 个小时与艾森豪威尔失去联系。艾森豪威尔焦躁不安，于 7 月 12 日凌晨乘英国驱逐舰"攻城雷"号来到第 7 集团军视察。6 点 30 分，艾森豪威尔在杰

▼ 被夷为废墟的杰拉城。

拉港外看到巴顿正在指挥部属转移他的指挥所至岸上。

　　紧接着，巴顿在作战地图室向艾森豪威尔简要介绍战况，并有点自我炫耀。结果，艾森豪威尔却批评他擅离指挥岗位，极少报告战况。会谈进行了共45分钟，这次艾森豪威尔突然对巴顿失去了信任。布莱德雷后来猜测，正是巴顿这次勇敢的"参战"，毁了他的远大前途，这也许是自己以后青云直上的原因之一。艾森豪威尔生气的原因是巴顿不能像蒙哥马利那样每小时送来一份战报，以致使他无法向上汇报和掌握全局。

　　艾森豪威尔还想去看看布莱德雷和第2军，但巴顿谎称到海滩要1个半小时。之后，艾森豪威尔去了第8集团军加拿大部队的战区，然后回了马耳他岛。事也凑巧，艾森豪威尔走后不久，第504团空降损失的报告送到了巴顿手中，事先巴顿不知事情经过，他很快将报告送给了艾森豪威尔。结果，艾森豪威尔多少有点猜疑巴顿未及早汇报，并向巴顿发去责备的电报。艾森豪威尔要求巴顿处理粗心大意和玩忽职守的人，并要求写报告从速处理。

　　巴顿以为艾森豪威尔在找借口撤他的职，他咒骂艾森豪威尔未经战火，是一个前程似锦的不倒翁。事实上，巴顿不能对此事负完全责任，但艾森豪威尔不相信这一点。

　　英军没有遭到德军的反击，进展迅速，于12日攻占了锡拉库萨和奥古斯塔两个港口，但由于空降部队行动失利，未能夺取通往卡塔尼亚的大桥，使其继续推进的步履逐渐缓慢下来。与此同时，德第15装甲师从岛上西部调到了东岸，以阻止蒙哥马利的英第8集团军向北面的

▼ 英军与意军在岛上作战。

奥古斯塔移动。至 12 日日落，英军已有 8 万人、7,000 辆汽车、200 辆坦克和 900 门火炮上岸，攻占的锡拉库萨港设施完好无缺，可以用来卸载登陆急需的物资。7 月 13 日，德意航空兵决定放弃对美军登陆滩头的攻击，集中所有力量攻击英军登陆滩头，当天炸沉在英军滩头卸载 3 艘运输船和驱逐舰、医院船各 1 艘，还击伤 2 艘运输船和 1 艘辅助船。随后日子里，盟军空中掩护日益加强，德意军的空袭仅在 7 月 17 日和 22 日炸伤 1 艘运输船和 2 艘驱逐舰。

相对于东面英军作战的平静与顺利，美军作战行动要激烈得多，已经攻入杰拉的第 1 师正遭受到德意军队顽强的反击。7 月 12 日 8 时 30 分，意大利坦克单独向杰拉开来。在杰拉，广播里正播着"一切危险都已解除"的消息时，意大利的坦克却冒着浓烟隆隆地向这边冲了过来，并不时地向突击队员们开枪开炮。意大利的坦克虽然是一些陈旧的破烂货，但美军此时连一门反坦克炮也没有，因此意大利军队此时占了上风。街上的美军突击队员见到德军坦克冲过来，他们赶紧躲到楼房里，从二楼窗口朝街上的敌人坦克射击，但没有效果。达比朝一辆坦克打了 300 发 30 毫米口径的子弹，也未能阻止它。随后他拼命地跑动，躲开敌人坦克，跳上自己的吉普车，返回码头，将刚刚运到岸上的一门火炮卸下，搬到车上，然后将这临时安装的反坦克炮拉回杰拉，向敌坦克射击。这一行动非常奏效，意军见势不妙，丢下几具燃烧的坦克很快撤走了。意军坦克对达比中校突击队的阵地进攻就这样被击溃了。

中午时分，古佐尼在得到利卡塔、斯考格利蒂失陷的消息后，电令第 15 装甲团、一个摩托化步兵师和阿西埃塔步兵师东调，支援在杰拉的部队。同时，也催促德军迅速出动戈林装甲师与意军共同夺回杰拉，力图把艾伦的步兵第 1 师赶回海里。

当上岸后的巴顿进入杰拉市后，发现一座三层楼房上飘着一面红旗，他得知是达比突击队的指挥所后，便决定上楼去看一看他非常赏识的勇猛无畏的达比上校。巴顿的临时变动，解救了他自己和随从们，因为当他来到三楼时，正看见达比上校用缴获的一挺德国 77 式机关枪向 7 辆朝他开来的坦克装甲车射击，巴顿他们要是不停留的话，将与敌不期而遇，那后果将是不堪设想的。达比的兵力有一个装备着缴获的德军 77 型火炮的炮兵连，第 26 步兵团 3 营 K 连，两个突击营，一个 106 厘米化学弹迫击炮连，以及第 39 工兵团的一个营。

在达比的指挥所，巴顿亲眼目睹了杰拉市大街最为激烈的巷战。此时，达比的突击队与步兵第 1 师的联系已被德意军队切断，敌军的利沃德师和戈林师向杰拉发动了猛烈的攻势，战斗在一片混乱中进行。美军突击队员与德意军队短兵相接，浴血奋战。

步兵第 1 师的其他两个团也告吃紧，德军康拉特战斗群的 40 辆坦克突破了第 18 步兵团的防线。中午时分，敌人出动坦克和轰炸机加强了攻势，炮弹、炸弹倾泻在突击队员的头顶或身边，德军坦克在康拉特将军的指挥下几度突破了美军防线，有的坦克已冲到了海滩附近，艾伦第1师拼死反击，不允许德军抵达海滩。巴顿不顾部下的劝阻，身先士卒，冒着密集的炮火与突击队员们一起抗击德军。他一边指挥战斗，一边激发官兵们的战斗热情，并发出命令："每个人都要坚守自己的战斗岗位！无论出现什么情况，谁也不准后退。避开坦克！不准放过任何其他敌人！"

与此同时，巴顿通过无线电同海军和空军取得了联系，他要求休伊特将军迅速向德军猛烈轰击，并要求空军给予空中支援，同时让休伊特催促炮兵部队火速增援杰拉战场。

顷刻间，海军巡洋舰上的炮火鸣叫了，杰拉战场成了炮弹倾泻的场所，浓烟滚滚，火光冲天，敌军的坦克瘫痪地躺在路边燃烧着，德意士兵的尸体遍地横卧。炮击间隙，盟军飞机又飞临战场上空，对德意军队的活动目标又进行了轰炸。此时的杰拉城在炮火和炸弹的轰击下摇摇欲坠。之后，根据巴顿的命令，从利卡塔开来了10辆坦克，立即投入了战斗。不久，第32野炮营登陆后也参加了战斗；美军第2装甲师离开沙滩后也加入了战斗的行列。美军勇猛的反击，给利沃德师和戈林师以沉重的打击，敌军1/3的坦克被摧毁，其余的狼狈逃窜。

11时30分，危机总算过去了，美军已牢牢地控制了杰拉的滩头阵地，在此深深地扎下了根，巴顿总算是松了口气。艾伦的部队虽然没有占领蓬特奥利弗机场，但官兵们的勇猛作战，顽强拼搏精神令巴顿叫绝，巴顿认为他点名要第1师没有错，第1师果然没有辜负他的期望。此时，东边的战斗还在继续，加文指挥的空降部队正在比亚斯山英勇地抗击步兵的反攻。

11时50分，巴顿在达比上校的指挥所看到有两架英国飞机开始在城市上空投弹轰炸。随后，德军一个炮队开始轰击起来，有两发炮弹击中了巴顿所在的楼房，街对面一座房子的屋顶也被打了个洞。尖叫声四起，不过除了一些平民伤亡外，官兵们安然无恙。

中午，利卡塔步兵第3师派来10辆坦克，第2作战司令部又派来两辆坦克。巴顿随后又来到加菲将军的第2装甲师，命令加菲封锁杰拉和步兵第1师之间的空隙地。巴顿还要求派坦克支援达比的突击队。此时达比往各条道路上都派出了由3辆半履带式装甲车组成的巡逻队。虽然它们不参加作战，仅运载工兵装备，但极大地威慑了显然没有机动火炮的意军。

在下午和黄昏，火力支援舰提供了大量的火力援助，主要目标是杰拉河以西的一片起伏地。13时16分，驱逐舰"巴特勒"号向敌坦克集中地发射了48发炮弹（这些敌坦克是在上午被击退后重新部署的）。轻巡洋舰"波依斯"号一面用水铊测深，一面驶向海滩，向蓬特奥利弗公路周围的目标进行射击，最后向内陆13公里处的尼谢米进行了齐射。17时，轻巡洋舰"萨凡纳"号协助队员击退了从布特拉沿公路南下的意大利步兵的进攻。"格伦农"号在支援右翼的第16团的过程中，发射了165发炮弹，直到20时57分，该舰岸上控制组发出停止射击的信号为止。

▲ 巴顿与美第 1 师副师长奥多·罗斯福准将在西西里。

　　舰炮的射击迫使戈林师撤退。该师共损失30名军官，600名士兵，40至50辆坦克，但是仍有45辆坦克完整无损。

　　这是海军对单纯陆上作战的部队第一次提供及时而有效的舰炮火力支援，致使陆军的高级将领放弃了长期以来对这种支援样式的偏见。舰炮虽然常常被用来掩护登陆，但在此以前，陆军总认为敌步兵和坦克不是舰炮射击的合适目标。实践证明，巡洋舰和驱逐舰上的现代火炮仰角大，能向山坡的反斜面及内陆目标进行射击。舰炮支援火力比上陆的炮兵火力要强，而且舰艇机动性大，可以在登陆最初阶段集中比陆炮更多的舰炮火力。

　　巴顿领着他的参谋长盖伊将军在前线穿梭，先是同奥多·罗斯福会晤，又驱车去艾伦的指挥所，在途中正好碰到风风火火赶往第7集团军司令部的艾伦将军。艾伦将军疲惫不堪，他用布满血丝的眼睛望着巴顿。此时大约是15点30分，有14架德军轰炸机从头顶掠过，遭到美军防空炮火的打击，有许多防空炮弹的弹片纷纷坠落。有一块弹片砸在离巴顿将军不到10米远的地方。巴顿抬头看见敌我双方空军飞行员们正在进行空中格斗，有两架德军轰炸机和一架战斗飞机被击落。巴顿命令艾伦和加菲明天一早拿下蓬特奥利弗机场，然后一路顺利地驶回杰拉。巴顿很自豪地描述当时心情："一位集团军司令及其参谋长在一条通过敌我两军交战前线并几乎是战场中心线的大路上驱车10公里，真是非同寻常。"

　　在巴顿返回杰拉途中，无意间看见海上一艘在半小时前被德机轰炸的运输船冒起浓烟，接着发生的巨大爆炸将该船炸成两截，在海上漂浮着，冲天而起的白烟和黑烟高达数千英尺。

　　在杰拉海滩，巴顿看见士兵们正干着一件天大的蠢事。他们竟然在一堆大约有300枚500磅炸弹和7吨20毫米烈性炸弹之间挖散兵坑。于是，巴顿对这种毫无军事常识的行为进行严厉的训斥。正训斥间，敌人的两架飓风式轰炸机飞过来轰炸海滩。所有的士兵都跳进刚才挖的坑里。而巴顿则若无其事地在海滩上走来走去，很快士兵们就很不好意思地从散兵坑里爬了出来。

　　傍晚，几乎所有的机动预备队都上了岸，军舰也各就各位，做好了随时进行炮火支援的准备。一切工作就绪后，巴顿才回到"蒙罗维亚"号军舰，此时已是晚上7时整，巴顿将军虽然是浑身湿透，精疲力竭，但却显得异常兴奋。他在日记中写道："这是西西里战役的第一天，我认为我赢回了我所付出的代价。"

No.3　蒙巴二将角逐

　　抢占墨西拿是西西里岛作战胜利的重要标志。对于蒙哥马利来说，将再次证明了他高人一筹的军事才能，可以在他北非战场上取得的光辉战绩簿上再加上厚重的一笔。然而，如果让巴顿抢了先，自己"捉鼠能手"的威名则会受到很大的损伤，这对于好面子的蒙哥马利来说是不可接受的，更何况，这不仅是个人面子问题，还关系到大英帝国军队的荣誉。当然，

▲ 蒙哥马利乘两栖登陆车在西西里指挥作战。

▲ 英军在西西里岛上奋勇作战。

对于巴顿来说，还有另外一点见不得光的私心，那就是下一次在西欧战场开辟第二战场的统帅争夺问题。如果这次蒙哥马利再次建立奇功，那么"诺曼底登陆"战役的指挥权，有可能会落入蒙哥马利手中。对他来说，参加打仗特别是打大仗打硬仗就是他与生俱来的使命，同时，受军人世家的熏陶，巴顿坚信军人的荣誉是至高无上的。巴顿很好地把追求军人的荣誉与热衷于打硬仗结合起来，而墨西拿就是西西里岛战役中最硬的骨头，这对巴顿的诱惑是相当大的。更何况巴顿所领的美军受够了英军对自己战斗力置疑的眼光。因此，蒙巴二将在西西里岛的角逐不可避免。

墨西拿是意大利的大门，而由许多丘陵和大山群构成的埃特纳火山组成了这扇大门的门槛。埃特纳火山耸立在卡塔尼亚平原的北面，它俯视着西西里这个三角形岛屿的东南角。如果要从南面或西面接近和占领墨西拿，就必须经过埃特纳。虽然从任何地图上看，这种地理要求都是十分清楚的，但作战计划却没有把一旦登陆成功以后怎样到达墨西拿这个问题讲清楚。

早期英军发展顺利，这个问题还不是很突出。7月12日，蒙哥马利给亚历山大发电报说：

"我的作战情况非常好……我建议让我的集团军向北进攻，以便将这个岛截成两半。"同时，在蒙哥马利看来，美第7集团军应作为一种静止的翼侧警卫部队，掩护英军的右翼。7月13日傍晚他又给刚刚看望巴顿归来的亚历山大发了一份电报，他认为，在断裂多山的西西里岛作战的指挥官必须拥有可供使用的良好的公路，而当时只有两条良好的公路可供第8集团军使用。一条是经过埃特纳火山的东翼侧大致向北延伸的114号公路，蒙哥马利准备让第13军来使用这条公路。另一条是向西北方向延伸而经过卡尔塔吉罗内－恩纳－莱昂福泰的117号公路，这条公路将使蒙哥马利的部队能够迂回驻守在卡塔尼亚平原上的德军，唯一的缺点是，117号公路位于美军的作战地幅内，而且布莱德雷也像英军所打算的那样，准备把这条公路用作他的第2军的进攻轴线。霸道的蒙哥马利没有向美军通报，就秘密地命令部队抢先使用了这条公路，想要赶在美军之前进入墨西拿。

7月16日，亚历山大以指令的形式把上述计划下达给各集团军指挥官。英军擅自闯入友军作战地幅的鲁莽方式，令美军十分恼火，而作为副司令的亚历山大明显偏袒英军的决策行为就好像是用盐来擦巴顿和布莱德雷的伤口。巴顿和第7集团军的官兵们听到这个消息都非常气愤，特别是布莱德雷，他强烈地反对这一命令，他的第2军离通往恩纳的主要道路已经不到1,000米，而现在却要让米德尔顿的步兵第45师把公路让给加拿大第1步兵师。这意味着他得把整个步兵师撤回到原来的地点——实际上得一直撤到海滩，然后再挤入第1步兵师的左翼。这样一来，第2军的进展将被拖延好几天，这一做法实质上是把美军排斥在主要作战行动之外，是对美军作战能力的怀疑和轻视，它使美军完全失去了夺取墨西拿的机会，美军的作用仅仅是掩护英军的后方和侧翼，这对美军来说简直是奇耻大辱。美第2军军长布莱德雷这样写道："它证实了我早先的疑虑，只有蒙哥马利才被允许去进攻墨西拿。"而美军一个参谋人员用这样一句话概括了第7集团军司令部对这件事的看法："这样一来，我们就能舒舒服服地在我们这边坐着，而让蒙蒂去结束这场该死的战争了。"

由于蒙哥马利的鼓吹导致了"爱斯基摩人"作战行动计划的修改，从而降低了美第7集团军的作用。现在，在亚历山大的纵容下，蒙哥马利又从他们手中抢走一条宝贵的公路，以便他得意洋洋地进入墨西拿，甚至不允许美军向巴勒莫推进。性情刚烈的巴顿虽然内心十分恼怒，但仍坚持了作为一个职业军人的基本操守，默默地服从了这道命令。亚历山大将军又进一步命令：蒙哥马利所部英军进攻墨西拿；巴顿所部美军为其提供侧翼和后方的安全保障。美军评论家对此作出一致的评判："蒙哥马利将获得一等奖墨西拿，而美国人连安慰奖（西西里首府巴勒莫）也被剥夺了。"

说句实在话，英国陆军在"二战"中的总体表现是谈不上出色的。英国人太过谨小慎微，

▲▶ 英国军队向卡塔尼亚推进。

普遍缺乏冒险和果断精神。诚如隆美尔所言："英国人却是保守成性，他们的负责当局对于机械化战争的理论，几乎是拒绝接受……他们对于机械化战争的训练也不注意。对于运动的速度、弹性以及指挥官与部队之间的密切接触，他们都完全不讲究。"一直以来都被视为英国陆军代表人物的蒙哥马利就堪称是谨慎保守的代名词，先是在北非战场，然后在意大利战场和西线战场上，英国陆军的保守特点无数次地被表现出来，并且几乎没有随着战争的进展发生过明显的改变，也没有从它的德国对手那里学到些有价值的东西。其保守的特点让它们很多次丧失迅速制胜的良机。所以总体上讲，英国陆军的实力只能算一般。

在西西里岛战役中，蒙哥马利的要求和亚历山大的决定都成为军事历史学家的笑柄，认为这是最差的战略决定，它令美军第45步兵师脱离接触、退回杰拉及转向西北方，同时容许德军第14装甲军逃离包围圈，得以在埃特纳山区组织坚固的防御，丧失了围歼德军的好机会，并改变了西西里岛的战役进程。这样导致蒙哥马利与美军第2军军长布莱德雷的冲突加剧。

No.4 卡塔尼亚防线

　　根据亚历山大的指令，美军第 2 军第 45 师被迫后退，转到第 1 师的后面，又退回到滩头。这一行动浪费了美军的进攻时间，使德意军队有了喘息的机会。此时希特勒非常关心西西里战场的局势，因为他担心意军失败后会退出轴心国，而使他们的力量减弱。便派凯塞林元帅去战场了解战情，以便制定切实可行的计划。凯塞林立即飞往恩纳，与年迈的古佐尼将军会谈。他了解到意大利军队的抵抗已经土崩瓦解，他认为在这种情况下，要守住西西里这个岛屿已是不可能了。当天晚上，他就飞往罗马，向墨索里尼讲了他的看法，但是这位头脑发晕的领袖拒绝接受注定的结局。于是凯塞林电告希特勒，请求希特勒允许从西西里岛撤退。希特勒亲自批准了凯塞林的计划，但还惦记着希腊和撒丁岛，既然盟军在西西里岛已经站稳了脚跟，为了避免岛上这两个师被消灭，就同意撤退，但要求且战且退，以争取时间。

　　凯塞林见戈林师在杰拉反击失利，而从巴勒莫出发的第 15 装甲师在盘山公路上行进中又连遭盟军空袭，眼看已无可能将盟军登陆部队赶下海，凯塞林就知道大势已去，只好与盟军混战以拖延时间，牵制盟军，然后经墨西拿海峡退至意大利的卡拉布里亚。凯塞林决定依托埃特纳火山之险，坚守卡塔尼亚，确保墨西拿，使部队通过墨西拿撤回意大利本土。但此时，戈林师和第 15 师都在岛东南，又有一定损失，而至关重要的卡塔尼亚却无兵把守，便将在意大利南部的德军第 1 空降师和第 29 摩托化步兵师调到西西里岛，增加掩护撤退的必要兵力。

　　在希特勒通过凯塞林进行的遥控指挥下，德军的抵抗逐渐强硬起来。但希特勒已改变了最初要求把盟军赶下大海的决心，而只是决定在西西里东北部保持一个桥头堡，以便掩护德军和比较忠诚的意军向意大利本土撤退。希特勒任命独臂将军汉斯·赫布将军负责西西里岛的战事。赫布是一个久经沙场的装甲兵指挥官。他在斯大林格勒陷落之前刚飞了出来，在此次战役中他又被派上了战场。为了展开阻滞行动，赫布的部队得到了大量的增援。从 7 月 26日起，西西里的德国人完全站到前台来了，他们接管了一切，加强了防御，以阻滞盟军向墨西拿——德军唯一的生路——进击。此刻，德国人在西西里有 3 个得到增援的师——戈林师、第 15 装甲师和第 29 装甲师。此外，第 1 伞兵师的两个团并入了戈林师，4 个意大利机动师当中，有两个齐装满员，完好无损，另两个则已被歼灭。直到像希特勒听说的，德军在西西里投入的坦克和重炮比隆美尔在北非的任何时候所有的还要多。

　　赫布建立的主要防线是一条曲线，它从东北海岸的卑斯特凡诺经尼科西亚、阿吉拉和卡泰纳塔瓦延伸到东海岸的卡塔尼亚以南 10 公里处。另外还有两条防线，即"旧赫布线"和"新赫布线"，准备在桥头堡不可避免地收缩时用作停留阵地。这意味着西西里战役的胜利不是变得越来越容易，而是变得越来越困难了。敌人正在制定出一个明确的计划，并且正在把兵力集中在一个十分适宜于防御的、断裂的和没有道路的地区，在这样一个地区，英国的装甲部队是没有用武之地的。正如杰克逊将军在《意大利之战》一书中所描述的："这条防线看起来很像威灵顿在葡萄牙设置的托里什维德拉会防线"，而墨西拿海峡的防守者则是非常能干的巴德上校。巴德作为墨西拿海峡卫戍司令（7月14日凯塞林任命巴德担任此职），组织了集中指挥的非常强有力的对空和对海防御系统。

与此同时，凯塞林对西西里岛的兵力进行重新部署，以阻止英第8集团军威胁墨西拿。德戈林装甲师被调往东部的卡塔尼亚；德第15装甲师在恩纳附近阻止美第7集团军北进；新调来的第29装甲师部署在埃特纳火山西南。这样德意部队构筑了从恩纳到卡塔尼亚的坚固防

▼ 亚历山大（右一）与蒙哥马利及30军指挥官一起探讨攻打巴勒莫。

▲ 在西西里登陆的美第 7 集团军部队。

线。墨西拿海峡的控制和防御已经完全"德国化"，并且随着战斗的发展，德国人接管了作战指挥，特别重要的是，接管了敌军撤离西西里岛的指挥。结果，蒙哥马利在东南部就面临着由那不勒斯师和里南那师组成的第16军、若干较小部队、戈林装甲师以及第15装甲师的一个步兵群。

蒙哥马利的目光也停在了地图上平坦的卡塔尼亚平原，这里也是理想的空降地域。占领了整个平原，卡塔尼亚和那条羊肠小路将迅速成为我们的囊中之物。这样一来，10天内便能赢得西西里战役的胜利。

在这种情况下，蒙哥马利迫切需要占领距卡塔尼亚南边数英里处的锡美托河上的卜利马索尔大桥。他命令在7月13日晚发动一次进攻，夺取这座关键桥梁。

按照蒙哥马利的命令，1,900名英国伞兵连同其反坦克武器一起被空投到卜利马索尔桥。令他们大吃一惊的是，德国伞兵竟然也摇摇晃晃地空降到同一地区。原来这是德军第11空运军所属部队。

第1伞兵师是作为地面部队去增援西西里人数不多的德军的。该师乘飞机分批空降在德军战线后方的卡塔尼亚南部东边地段。施图登特原希望把他们空投到盟军战线后方，如果这样的话，英军伞兵或许会顺利占领那座桥。

可是，德军第一个分遣队恰恰在其战线后方约3公里的地方空降，与空投在德军战线后方去打通卜利马索尔大桥的英国伞兵部队不期而遇。

着陆后，只有250名英军官兵聚集在空投地域，他们抢先占领了桥梁。但一天后，他们粮尽弹绝，德军在赶来增援的第29摩托化步兵师支持下，把桥梁从他们手中夺了回来。

空降失败，对于蒙哥马利来说不啻于挨了一记闷棍，打通通向卡塔尼亚平原之路的希望落空了。显然，德国人也充分认识到阻止盟军穿过平原抵达埃特纳火山与大海之间的那条狭窄小路的重要性：这是保卫西西里的关键，因为从这条小路可直扑墨西拿。

后来作战进程表明，德军迅速组织卡塔尼亚防线成为英军西西里岛作战的"滑铁卢"。

亚历山大敏锐地意识到德军的调整对英军意味着什么，蒙哥马利顺利登陆的幸运已经到头了。亚历山大向帝国参谋总长报告说，他打算用第13军经由卡塔尼亚向墨西拿进攻，并派埃特纳火山西面的第30军先到圣斯特凡诺海岸，然后再转回来向墨西拿进攻。

蒙哥马利指挥着手下的第13军奋力突击卡塔尼亚，盟军145架飞机载着英第1空降旅1,900名士兵从突尼斯出发在卡塔尼亚空降，配合地面部队联合进攻，但英军多次向卡塔尼亚推进，均告失败。德军以德戈林装甲师和第1空降师进行顽强抵抗，牢牢控制着从卡塔尼亚通向墨西拿的海岸公路。因此，西西里战役的胜利变得越来越困难了。崎岖的地形使盟军的

◀ 美军进攻途中遇到
德军炮火攻击。

轰炸起不了太大的作用，蒙哥马利费尽心机也一筹莫展，只能眼睁睁地看着英军一寸一寸地争夺阵地，几乎每一寸阵地上都染上了战士的鲜血。第 30 军的情况也差不多。第 30 军虽英勇作战，也还是在阿德拉诺地区寸步难行。力图打通埃特纳一线的第 8 集团军疲惫不堪，停止了进攻。炎热的气候使英军中开始流行疟疾。第 8 集团军只好以守为攻，等待援军。

No.5　巴顿攻占巴勒莫

　　当英军在卡塔尼亚受挫时，美军则继续按计划向前推进，对于巴顿来说 7 月 12 日到 14 日是稳步进展的 3 天。这 3 天时间里，美军攻占了科米索、比斯卡和蓬特·奥利弗三个机场，滩头阵地的最后目标也已占领，就连蒙哥马利第 8 集团军预定的攻占目标恩纳也被美军抢先一步占领了。恩纳是古佐尼将军的司令部所在地，因而成了西西里的军事重镇。美军第 7 集团军占领恩纳后，在国际国内引起很大轰动，而蒙哥马利此时却引起了各界的不满。美军比预定计划提前了好几天的时间，其原因是一旦把敌人轰了起来，就没有让他们停住脚步喘息的时间，巴顿平时教育部队官兵也是贯彻这种精神的，要前进，前进，勇往直前。巴顿率领美军对德军一直紧追不舍。另外，意军和德军花费了巨大的劳力、时间和金钱来构筑防御阵地，他们过于相信防御阵地，从而削弱了作战能力。再就是德意军队的判断力很糟糕。还有很重要的一点就是德军和意军之间的矛盾，德军有好几次把地雷埋在意军后面，因此当意军企图逃跑时，这些地雷便被意军踩响了，很自然，意大利人是不会喜欢德国人的。美军在进攻中，还遇到了一些从未见过的最巧妙的坦克陷阱。德国人在公路的右半边挖了一个长约 6 米、深 3 米的大坑，然后在上面绑上细铁丝，再撒上土，伪装成路面。接着他们又在大约 9 米远的路左边造一个同样的陷阱。他们在每个陷阱前都架上铁丝网，诱使美军的坦克去冲破铁丝网而后直落陷阱。在其他地方，敌人也挖了许多约 6 米宽、4.5 米深的坦克陷阱，绵延数千米。但美军紧贴公路边缘爆破前进，一路畅通无阻。

巴顿的第 7 集团军进展神速，对分配下来的任务很不满，因为要让他来对付岛上力量较弱一端的敌人。布莱德雷这样写道："夺取一些小山，俘虏一些驯良的农民和无精打采的士兵是不光彩的。"于是就灵活机动处理进攻目的。亚历山大也希望美军能取得突破性进展，便给巴顿发出了一项新指令，攻占阿格里琴托和安佩多克莱港。而就在指令刚下达 1 个小时左右，亚历山大就得到巴顿的报告，报告中说：经特拉斯科特第 3 师的"火力侦察"，阿格里琴托和安佩多克莱港已在美军的掌握之中。原来美军早就占领了阿格里琴托和安佩多克莱港，只不过没有请示上报而已。

原来亚历山大和蒙哥马利对巴顿予以严格限制，把第 7 集团军放在保姆的地位。这种限

▼ 英军将领在一起商讨作战方案。

▲ 负隅顽抗的德军士兵。

制使人愤愤不已。看着面前防守薄弱的城市，你却只能按兵不动。第7集团军的官兵个个痛恨英国人的自私与不义。当巴顿来到了特拉斯科特的第3师，他们的眼睛都盯着西线的抵抗中枢——阿格里琴托。在巴顿的暗示之下，特拉斯科特说："你不同意，我们就无法发动重大攻击，而且根据集团军群的指令，显然你不能答应。但我可以——对不起，我可以自己做主——发动一次'火力侦察'。在这次火力侦察中，不明的情况就是阿格里琴托。你说呢？"巴顿心领神会："我什么也不说，卢西恩，没有他妈的什么好说的。"就这样，特拉斯科特干脆利落地解决了守军，占领了阿格里琴托。

战事到此时，德国法西斯也伤亡惨重，到7月18日，岛上可以使用的德国飞机只有25架了。由于被摧毁或损坏而遗留在机场上的法西斯军队的飞机共有1,100多架。其中半数以上是德国法西斯的飞机。这为盟军尽快占领全岛创造了极为有利的条件。

经过一个星期战斗，巴顿已不甘心让蒙哥马利独唱主角，决定进攻西西里首府巴勒莫。巴勒莫，是位于西西里岛西北部的港市，也是西西里的第一大城，是个地形险要的天然良港，也是一座拥有开埠 2,800 年的古城。巴勒莫的古迹建筑虽然没有金碧辉煌的傲人外观，但是哥特式、古罗马建筑以及伊斯兰建筑等多种风格的建筑物并存。有些建筑物具有浓厚的阿拉伯色彩，意大利大文豪但丁称赞这里是"世界上最美的穆斯林城市"。尽管这些建筑的风貌与欧洲建筑截然不同，但是千年以来早已经与这里花草绿地、街口广场、人文历史都融为一体，还是显得和谐与统一。曾有人这样形容："凡见过这个城市的人，都会忍不住回头多看一眼。"虽然攻占巴勒莫城战略价值并不大，但它的政治影响却不可低估，尤其是在英军举步维艰之际，更是给美军在世界范围内提供了机动力及战技高超的重要证明。

7月17日，他乘飞机去亚历山大的司令部拜访他，他决心说服亚历山大面对现实，将东路进攻的美军由助攻转为主攻，以此来改变整个战役的进程。他用坚定的语气对亚历山大说："将军，鉴于目前形势的发展，我来请你解除对我的束缚，并把你的命令改成这样：第7集团军迅速向西北和北面挺进，攻占巴勒莫，并割裂敌军。"

此时，亚历山大已经看清了战局的发展趋势，他明白他虽然不会承认他让蒙哥马利两次重订计划是犯了错误，但使他丢尽脸面的却是第8集团军不仅未能打开通往墨西拿的通道，而且战役在东部停滞不前。而当时的形势由于牺牲的士兵越来越多，战略物资的消耗也不计其数，这都给亚历山大带来了巨大压力，特别是国内国际反法西斯战线人民的不满情绪越来越高涨。在这种情况下，亚历山大当然是希望西西里战役的局势能有所突破，打破僵持的局面。于是，他很愉快地同意了巴顿的请求，寄希望于美军将战役主动权夺回来。

束缚美军手脚的枷锁终于打开了，巴顿带着亚历山大的新指令，火速投入了行动。他决定把特拉斯科特的第3师，李奇微的第82空降师的余部和加菲的第2装甲师组成一个临时军，由凯斯指挥，对巴勒莫进行决定性的攻击。

同时，布莱德雷所属的第45师在西侧向北推进，切断海岸公路，防止巴勒莫的德意军队通过海岸公路撤向埃特纳山区一线或墨西拿，并与蒙哥马利的左翼部队保持联系，密切协同。7月19日，美军向巴勒莫的进攻战斗打响了，步兵第3师在特拉斯科特的指挥下战斗得最顽强，因为巴顿在战前已给特拉斯科特下了一道死命令："限你在5天内必须攻下巴勒莫，否则就不要再回来见我。"美军在巴顿的指挥下，快速挺进，暂编军向前推进的速度是惊人的。21日，用于攻占卡斯特尔维特拉诺为第2装甲师打开缺口的特遣队，在达比上校的指挥下，攻占了卡斯特尔维特拉诺。意大利军队根本无心抵抗，他的指挥官有时竟然直接给部属下命令，严禁向美军开火。22日，达比的特遣队沿海岸线挥师西进；第2装甲师也参加了战斗，它向东北迅速推进到巴勒莫郊外，与此同时，特拉斯科特的第3师以每小时3英里的惊人速度步行从科列奥奈赶到城东南的阵地，去保护重要设施，以防破坏。

▲ 两个法西斯盟友惺惺相惜，臭味相投。

22 日的后半夜，也就是 23 日凌晨，巴顿随第 2 装甲师以胜利者的姿态进入巴勒莫市这座历史名城。公路两边挤满了人，他们高呼"打倒墨索里尼！美国人万岁！"的口号。市民们把鲜花扔到他们经过的路上，并捧出很多的柠檬和西瓜。巴顿感到十分欣慰。巴顿接管了皇宫用作司令部驻地，他以一副征服者的样子住了进去。翌日凌晨，当巴顿站在他的新官邸华丽的阳台上凭栏怀古之时，亚历山大的贺电送到："这是一个伟大的胜利，干得漂亮。向你和你的全体优秀官兵致以最衷心的祝贺！"巴顿矜持地微笑着，高高地扬起了他那有着坚毅下巴的头。他觉得自己当之无愧。

美军在 4 天内疾进 300 多公里，伤亡仅 300 人，但打死打伤敌军 6,000 人，俘敌 44,000 人，击落飞机 190 架，缴获大炮 67 门。23 号早上巡视港口时，巴顿经过一群俘虏身边，他们都站起来敬礼，然后开始欢呼。港口的破坏并不严重，但其附近街区却惨不忍睹。大约有两个街区的所有建筑都成了废墟。一些轮船和小渔轮被炸弹整个儿从海里掀到了岸上。港口里的许多小舟都被炸沉了，有些则炸成了两截儿。于是，巴顿便命令迅速组织战俘扫除街上的垃圾，填修船坞的弹洞，为下一步作战行动提供良好休整补给基地。23 日，第 45 师进至泰尔米尼－伊梅雷塞以东海岸地带，从而将西西里岛一分为二，并获得了一个深水补给港。

巴顿亲自指挥美军攻占巴勒莫，是机动战役的一个范例。巴顿在日记中写道："将来指挥与参谋学院的学员应把巴勒莫战役当作使用坦克的典范。我把坦克远远地放在后面，这样敌人就不知道将在什么地方使用坦克；而后，当步兵攻破缺口时，坦克便迅速地蜂拥而上。这种方法能保证胜利，减少损失，但要成功地使用这种方法，则要有优秀的指挥官。"巴顿还谦逊地将此归功于暂编军的军长凯斯将军，他说："凯斯将军在巴勒莫战役中展现了完美的指挥才能与魄力，他应该受到赞扬。"

巴顿的虚荣心得到了极大的满足，艾森豪威尔也为美军的胜利而兴高采烈。对于巴顿在这次行动中的表现，艾森豪威尔在回忆录中这样评价道："巴顿是一个机智的军事家，他在指挥战斗时总是清醒地估计速度的价值。西西里战役中他的快速行动很快使敌人只剩下墨西拿一个港口，它挫伤了庞大的意大利军队的士气，并且使巴顿的部队能够从西部进攻，以打破东线的僵持局面。"

与此同时，蒙哥马利却沮丧至极，英军在两个重要方向上都陷入困境，他的第 13 军被阻于卡塔尼亚，而向西迂回的第 30 军也在阿德拉诺地区徘徊不前。6 个师对付不了德军 3 个师和一些意大利部队。蒙哥马利在德军的顽强抵抗下一筹莫展，这次他希望从西线取得战果的新计划已宣告破产，他彻底地失败了。

No.6　墨索里尼下台

　　盟军在西西里岛节节胜利的作战形势严重影响了意大利人民和政府，甚至连墨索里尼也产生了退出战争的念头。这使希特勒感到非常愤怒，他威胁墨索里尼说，如果意大利人准备放弃战争，德国也不会再派更多的军队来支持意大利军队。希特勒最后狂吠道："必须在意大利成立军事法庭来清除不良分子。"最后，希特勒建议墨索里尼召开一次首脑会议。对于这个建议，墨索里尼倒是欣然同意。

　　1943 年 7 月 19 日，第二次世界大战元凶希特勒和墨索里尼在意大利北部亚得里亚海疗养胜地路麦多山脉里米尼附近的山间别墅举行首脑会议。这次正好是两位独裁者第 13 次会议。正如西方所忌讳的那样，"13"是个不吉利的数字，会议并不令希特勒满意。

　　这次会谈不同于不久前举行的几次，前后 5 个小时，几乎都由希特勒一人在说话，墨索里尼在一旁恭听。希特勒气急败坏地指责意大利的懦弱，他要求意大利必须争取现实可行的办法来挽救危局，墨索里尼坐在一把大椅子上，脸上全无表情，忍耐着听他朋友的长篇大论。

　　希特勒近似咆哮地对墨索里尼说，意大利政府太不受尊敬了，国内败北主义横行，人心涣散。而要救意大利于危难于中，唯一的办法，就是要把懦弱的意大利军队归入德国的指挥之下。一直到会议结束，墨索里尼没有任何表示，会谈毫无结果。但这次会谈所产生的反应，包括随墨索里尼同去开会的武装部队参谋长维多里奥·安布罗西奥将军在内的几乎所有人都感到，墨索里尼再也不适合当领袖了。

　　正在会议进行期间，传来了盟军飞机第一次在白天对罗马大肆轰炸的消息，意大利领袖的绝望情绪更深了。

　　墨索里尼与希特勒会晤之后，怀着沮丧的心情飞回罗马。到罗马之后，墨索里尼便去晋见国王维克多·埃马努伊尔三世。国王已知道西西里岛被盟军占领的消息，他认为意大利本身也维持不了多久，且军队纪律涣散。他认为德国人会出卖意大利。墨索里尼向国王保证在两个月后可以使意大利摆脱轴心国的束缚。国王只是紧锁眉头，神情紧张。墨索里尼此时哪里知道，他面前这位国王早在德、意首脑会谈之前，就与法西斯党内反墨索里尼的团体来往。而近来，他踌躇不前，思考是否应该逮捕墨索里尼。直到后来墨索里尼又一次到王宫谒见他时，他终于坚定了逮捕墨索里尼的决心。

　　说起国王及其近臣们密谋取消墨索里尼的首脑地位，墨索里尼全然不知。而几乎同时，法西斯党内也有一些人，在拟定迫使墨索里尼下台的计划。他们计划在法西斯党"大评论会"中，迫使墨索里尼"鞠躬下台"。"大评论会"是法西斯党最高委员会的会议，由墨索里尼创设，自"二战"以来，还未曾召开过一次，岂料这第一次竟成为使自己下台的会议。墨索里尼对来自两方面的威胁全然不知。当他得到会议通知时，显得非常不情愿，但畏于众多委员的压力，还是于 7 月 24 日出席会议。

为了保证会议的正常进行，防止受到暴力的骚扰，警察总监事先采取了必要的措施。墨索里尼的私人卫队枪兵团，已被解除了保卫威尼斯宫的任务，当地布满了军事警察。

武装部队总参谋长布罗西奥自从与领袖一同会晤希特勒之后，他一直在考虑一个计划，为了维护意大利法西斯党的统治，必须把墨索里尼除去。当时，意大利的局势也非常紧张，人民支持反法西斯人民抵抗力量的活动空前活跃，如果不除掉墨索里尼，法西斯党便有被推翻的危险。总之，不论是否为法西斯党员，人人都倾向让墨索里尼下台。这位法西斯党魁首已成为众矢之的。

就在墨索里尼晋见国王的第三天，法西斯党卫队首领狄诺·格兰第就把国王推上了武装部队总司令的宝座。墨索里尼失去了最重要的权力支柱：武装部队和执政的法西斯党。

7 月 24 日，法西斯党最高委员会在威尼斯的帕拉举行会议，与会者全都身着黑色制服。格兰第出席大会时，已将一切后事都办理妥当。尽管墨索里尼的贴身护卫已被解除，在多年的高压政策和恐怖手段生活下的谋反者们心里仍隐隐地发抖，静视着进入室内的"领袖"。

大会开始，墨索里尼首先对着心事各异的委员们漫无边际地发表了一通推卸责任的演说，耗费两个小时之久。演说之后，经过短暂的沉默，党内的反对派，那些更激进的法西斯党徒们相继发表了声讨墨索里尼的演说。格兰第发表了一篇被墨索里尼称为"猛烈抨击的演说"，"一个久怀怨恨的人终于发泄积愤的一篇演说"。格兰第展示了决议案，让墨索里尼体面下台，争论持续了 9 个小时。最后表决时，19 人支持格兰第，7 人支持墨索里尼，就连墨索里尼的女婿齐亚诺也支持格兰第，从而否定了墨索里尼作为领袖的专制独裁的地位。

墨索里尼全无表情的说："你们已造成了政权的危机，简直糟糕透了！""向领袖敬礼！"忠实于"领袖"的斯考尔佐马上喊了一声。墨索里尼摆了下手，阻止了他，以伤感的语调说："不必了，你是可以原谅的。"大家都沉默地散去。

墨索里尼完全忽视了来自各方的威胁，他认为自己完全有能力应付所发生的一切。

反对墨索里尼的反对派，散会后顾不上休息，他们聚在一起，一场逮捕墨索里尼的预谋在暗中加紧进行。宫廷大臣阿奎罗纳和总参谋长安布罗西奥负责执行这项紧急任务。他们首先接管了电话局，警察局和内政部的要害机构，然后派出军事警察在王室别墅和威尼斯宫附近的隐蔽地点密布了岗哨。一切准备就绪之后，"好戏"就要开始了。

第二天清晨，即 7 月 25 日，星期日，墨索里尼若无其事地走进他的办公室和往常一样开始工作，并巡视了罗马几个遭到轰炸的地区。斯考尔向他报告说，有些委员昨夜开会后都没有回家，有的人想法还在改变。墨索里尼以往日严厉的口吻说："他们现在要反悔？可惜已太晚了！"

午后，墨索里尼请求觐见国王，下午 5 时，国王接见了他。

当墨索里尼到达国王寓所时，他看到各处的军警都增加了。在这样炎热的夏季，国王竟然穿着意大利元帅的制服。

国王把墨索里尼引进会客厅，墨索里尼立即向国王报告昨天会议的情况。国王起身打断了他的话语说："我亲爱的领袖，情况不妙了。意大利已经走上了分崩离析的道路。军队的士气一落千丈，士兵们不愿意再打下去了……大评议会的表决是具有决定性的……意大利人对阁下的感情，早已烟消云散了……赞成格兰第提议的竟有 19 票之多。而其中，有 4 个人竟是'天使报喜勋章'的获得者！此刻，你已是意大利人最憎恨的人。你不可能有第二个朋友，你只剩下一个朋友，那就是我。所以，我要告诉你，用不着担心个人的安危，我会保证你的安全。我已经决定你的职位将由彼保罗·巴多格里奥元帅接替……"

面对这突如其来的变化，墨索里尼脸色铁青，过了许久才说："你正在作出一个重要的决定，目前的意大利人认为，那挑起战争的人一旦解职，和平就在望了，但这将使意大利军队失去原有的战斗力。另一个后果，将导致盟国的胜利，特别是苏联人的胜利。我此时深深体会到人民的怨恨。昨天晚上，我已清楚地看见了。"

短短的几分钟会谈就结束了，那位昔日不可一世的法西斯党魁首，如今已不见往日风采。墨索里尼无精打采地伸出手与国王握手言别。

墨索里尼独自一人心情沉重地走出王宫，走下台阶却发现自己的汽车和司机都已不见了。一个警察上尉上来对墨索里尼说："国王陛下让我负责阁下的安全。"墨索里尼似乎想要说些什么，那位上尉强硬地说："请和我一起走！"他拉着墨索里尼的肘部，把他带到停在台阶下的一辆救护车里。另有 8 个警察和便衣一同上车。车门关上以后，救护车便风驰电掣般地驶去。这个法西斯的专制魔王从此以后就被关进铁窗成为阶下囚了。

7 月 26 日，墨索里尼下台后的第一天，巴多格里奥发表广播演说："尽管在被攻占的省和被摧毁的城市里，人民伤亡惨重，但战争还要打下去，意大利要信守诺言。国王陛下已允诺了墨索里尼的辞职，任命巴多格里奥接替他的职务。"

这一消息，引起意大利人疯狂的兴奋，人们手舞足蹈，欢庆墨索里尼的下台。关于"战争还要打下去"之说，也不能使人们的兴奋有所减少。

那辆载着墨索里尼的救护车全速驶去，墨索里尼坐在里面，还以为是国王真的采取了保护他的措施。

▲ 墨索里尼与意国王握手。

他被带入一幢警察卫队的住房。一个小时之后，一位陆军将官带着巴多格里奥元帅的信，来到墨索里尼的面前，信的内容是说"留住"墨索里尼一事，只不过是为了他的安全着想，根据可信赖的情报，有人还计划暗杀他。信的末尾又说，如果墨索里尼有自己愿意去的地方，可把他安全负责地送到那里。墨索里尼表示想回到老家去，并表示自己今后决不干涉朝政。

然而，一切都晚了，国王等人已决定不让墨索里尼去他想去的地方，当然更不会同意他回到自己的家乡。并已决定把墨索里尼送到政治犯的流放地蓬扎岛上。

墨索里尼首先被送到蓬扎岛，但为了防止德军从蓬扎岛将墨索里尼救走，巴多格里奥政府把墨索里尼从蓬扎岛转移到北方海军基地，又转移到意大利中部萨索山峰上的"康坡王"大饭店。

德国法西斯对自己朋友的处境反应又是如何呢？对墨索里尼的垮台，在柏林，在纳粹统治集团引起了强烈的震惊，这使希特勒大感不安。7月25日，令人震惊的消息由罗马传到柏林后，希特勒立即召开会议。最后决定，采取一切措施，营救墨索里尼，占领罗马，并尽一切可能支援已经崩溃的意大利法西斯党。如果巴多格里奥政府和盟国签订停战条约，则必须制定进一步计划，以便夺取意大利舰队，占领意大利全国的要塞，威慑意大利在巴尔干半岛和爱琴海的驻军。

同一天晚上，希特勒下令占领德、意边境和意、法边境的阿尔卑斯山所有山口。并指定隆美尔元帅组织从法国和德国南部迅速集结的8个德国师，编成13集团军，迅速占领上述地区。

新上任的巴多格里奥是屠杀埃塞俄比亚人民的刽子手，由他组成的新政府企图保存反动的君主政体，这位元帅发誓要效忠于希特勒和意德联盟。实际上，英、美两国政治家慑于意大利进步力量的胜利，也力图维护没有墨索里尼的法西斯专制制度。

巴多格里奥政府企图继续进行战争，压制劳动群众的社会运动，镇压米兰和都灵等地人民的游行示威。然而，意大利广大人民群众和爱国武装的斗争浪潮却迫使巴多格里奥政府同德国断绝关系，并就停战着手会谈。期间，英国和美国却背着苏联同意大利开始了秘密的会谈。

8月3日，意大利提出了一个和平建议。这项建议与英国驻里斯本大使吉姆·贝尔有关。在此之后，英国驻西班牙大使霍尔与巴多格里奥的代表卡尔特尔亚诺将军之间的关系也在8月15日建立起来了。意大利声称已经准备"在能够加入同盟国的条件下无条件投降"。

苏联政府掌握了英、美两国与意大利人进行会谈的情报。苏联坚持要建立一个由苏联、美国和英国代表所组成的军事政治委员会，集体审查那些从德国法西斯阵营中脱离出来的国家代表进行会谈等问题。斯大林在给罗斯福和丘吉尔的信中代表本国政府明确指出：以第三者的身份得到两个大国背后勾结的情报，苏联政府不打算再容忍这种局面的出现。

◀▼ 盟军飞机对罗马进行了大规模的轰炸。

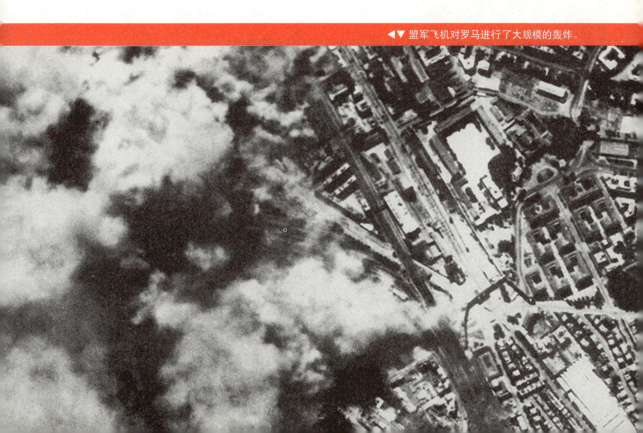

就在斯大林的信函寄出不久，丘吉尔率领一个大型代表团，于 1943 年 8 月 4 日夜晚，再次乘"玛丽女王"号离开伦敦，驶向魁北克。8 月 11 日，到达魁北克，第二天就去海德公园与罗斯福会晤。这就是代号为"扇形"会议的魁北克会谈。在这次会谈上，双方决定，由欧洲军司令艾森豪威尔指派参谋长贝德尔·施密特将军和英国情报机关的头目斯特朗共同前往里斯本，同巴多格里奥的密使举行会谈。魁北克会议上还通过了将军带到里斯本去的有关意大利投降的最后确定条件。

墨索里尼的下台为意大利政府与美、英和谈扫除了障碍。双方代表经过私下里多次秘密会谈，最后于 1943 年 9 月 3 日下午 3 时，意大利政府授权卡斯特尔亚诺将军签字，接受停战协议条款。1 小时后，在靠近锡拉库萨的一片绿色的小橄榄林里，卡斯特尔亚诺代表意大利政府，在意大利无条件投降"简明条件"的签字仪式上，写上了重要的一笔。9 月 8 日，艾森豪威尔将军宣布意大利即将无条件投降。这是后话。

▼ 罗斯福与丘吉尔在魁北克会议期间。

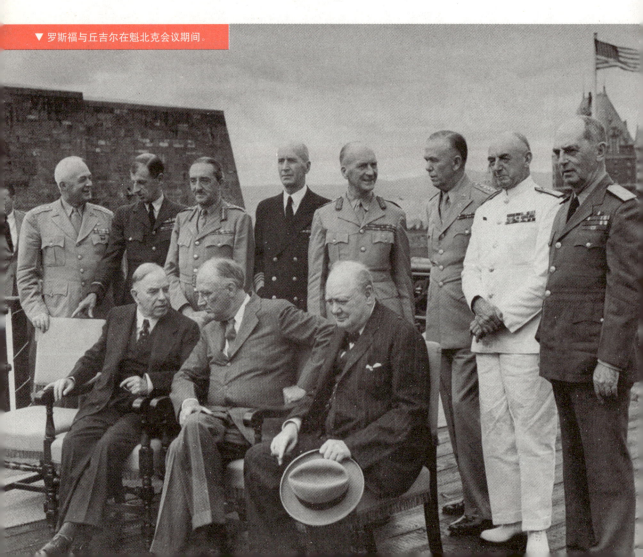

▲ 美军沿崎岖的山路向前推进。

第六章

抢占墨西拿

　　任何战术情况都没有什么现成的应付办法。只有一条战术原则是永恒不变的。这就是：用手中的一切手段在最短时间内给敌人造成最大的伤亡和破坏。

——美国陆军中将巴顿

▲ 美军坦克向前线推进。

No.1　美军大展身手

意大利半岛上政治局势的剧烈动荡并没有阻止盟军在西西里岛的快速进攻步伐，甚至在某种程度上，盟军的进攻还利于意大利政府的政局向有利于盟军方面的转化。

英军进攻墨西拿的受挫，给美军创造了大展身手的好时机。7月24日，蒙哥马利考虑到严峻的军事形势，如果继续按照原计划作战，英军士兵将不得不付出更大的流血牺牲，因此他主动地向亚历山大建议，应该改由美国第7集团军主攻墨西拿，因为该军团在更佳之位置上，这样可以迅速结束西西里岛战役，避免更多人员伤亡。7月25日，亚历山大召开了一次协调会议，会上美国第2军受领了向东突进的任务。这样一来，原来英军主攻，美军掩护其侧翼的作战计划就随着战局的发展改为美军主攻，英军掩护其侧翼，蒙哥马利尽管极不情愿，但事实如此，也无可奈何。相反美军却摩拳擦掌，兴高采烈，准备大干一场。

美军进攻十分顺利，到7月26日，美军就占领了圣斯特凡诺和尼科西亚，而从南面开上来的第30军加拿大师则占领了阿吉拉。这样，第15集团军群终于到达敌人主要防线的边缘了。但是，从7月26日起，这条防线起了新的变化，因为墨索里尼于7月25日被赶下了台。

西西里岛上的意军士气更为低落，投降和临阵逃脱者越来越多，凯塞林不得不全靠德军来组织防御。德、意军队为了阻滞英、美联军的进攻和掩护己方的撤退，派出德军装甲第29师增援西西里岛。赫布中将的第14坦克军军部也抵达西西里岛，负责统一指挥岛上德军4个师。第29摩托化步兵师在北，第15装甲师在中，戈林师和第1空降师在南，沿圣弗拉泰洛经特罗伊纳至阿奇雷亚莱的西西里岛东北部地区组织防线，利用岛上多山的地形，构筑了防御工事。西西里岛东北部三角形多山地区对德意军队的阻止行动非常有利，守方每后撤一步就使战线缩短一些，只用较少的兵力防守便可以了。盟军则相反，尽管具有绝对优势，却苦于无用武之地，施展不开兵力。

由于德意军队把主力放在了埃特纳地区，一旁的巴顿倒是捡了一个便宜。进攻途中，他遇到的抵抗大大弱于英军，主要的困难是翻越崎岖的山谷和险峻的山峰。为了先到墨西拿，他发了疯似地催促部下不停地前进、前进、前进！甚至不顾自己司令官的身份，亲自登上第一辆坦克为全军开路，好几次差一点翻落悬崖，车毁人亡。可他一点也不在乎，依然挥舞着手杖，斜叼着雪茄，大声吼叫着让士兵向前冲。布莱德雷的美第2军在攻占北部的佩特拉里亚后，迅速调头东进，沿北海岸公路直扑墨西拿。

英军被阻于埃特纳火山下，停留在卡塔尼亚平原上的英军受到瘟疫的袭击，减员惨重。巴顿得以乘虚攻入西西里岛首府巴勒莫。现在，巴顿想抢占墨西拿，也不得不领教一下防守在西西里东北部这个多山的地区德军第15装甲师的厉害。由于地势崎岖不平，易守难攻。德意军队每撤退一步，战线就缩短一些。只要部署少量守军就足以抵挡一些时日。驻守该地区

▶ 美炮兵向德军阵地炮击。

的第 15 装甲师是希特勒亲自指定防守西西里最后一个港口的精锐之师，这个师训练有素，装备精良，能够利用有利地形和饱满士气进行有力反击。在德军寸土必争的抵抗下，美军也同样遇到了强有力的抵抗，巴顿的第 7 集团军推进缓慢。随后一周内战况的发展也许是这位相信速度就是优势和战斗力的将军在这场战争中第一次遇到的不妙情况，用焦头烂额来形容这位 "血胆将军" 此时的境况一点也不为过。但是，从此时直到 8 月 6 日，美军便再也未能前进一步。8 月 1 日，第 45 师和第 1 师分别在圣斯特凡诺和特罗伊纳转入防御。

No.2　特罗伊纳战斗

从亚历山大赋予美军进攻墨西拿的任务之后，巴顿便决心抢在蒙哥马利之前完成这一任务，但美军的缓慢进展及至停滞不前使他心急如焚。此时，他想到了艾伦的第 1 师。本来第 9 师的两个团奉命在巴勒莫登陆，去接替第 1 师，但巴顿决定让这个能打仗的师夺取了特罗伊纳之后再撤出战斗。

在第 29 装甲师被赶出圣斯特凡诺之后，赫布将军便将其一部派往特罗伊纳，加强那里的防御。这是一个非常坚固的阵地，其支撑点位于弗拉特洛山，该山高达 730 米，控制着海岸公路和塞萨洛公路。据守特罗伊纳防线的是德军第 15 装甲师，它是希特勒亲自下令留在西西里的一个精锐师，他们作战顽强机智，能够出色地利用有利地形进行有力的反击。巴顿要直捣墨西拿，必须拿下这道防线。

到 7 月底，第 1 师已果敢地推进到塞拉米和特罗伊纳之间的一片洼地。7 月 31 日，巴顿下令进攻，在南翼，第 1 师迅速攻占了塞拉米，到达距特罗伊纳 8 公里的地区，第 1 师猛攻德军的这一抵抗中枢，其先头部队已经推进到该市近郊。但随后即遇到德军的顽强抵抗。

在这一仗中，艾伦骄傲自大的毛病妨碍了他对敌情的判断，由于他错误地低估了敌人的实力，未战先失一着，结果损失惨重。

日落时分，巴顿听到了令他烦恼的坏消息。

"艾伦遭到猛烈的反击，被迫退回进攻出发线。" 布莱德雷报告道。

"该死的，" 巴顿勃然大怒，艾伦不服从命令的粗暴个性已使巴顿对他越来越反感，"艾伦就是这样，不可救药！"

"不，将军，" 布莱德雷为他的师长辩护道："受挫折不能全怪艾伦。特罗伊纳的防御比我们预想的要坚固。那里的德国佬在拼命抵抗。"

这一天，坏消息接踵而至。德意联军给了盟军另一个有力打击。凌晨 4 时，轴心国空军空

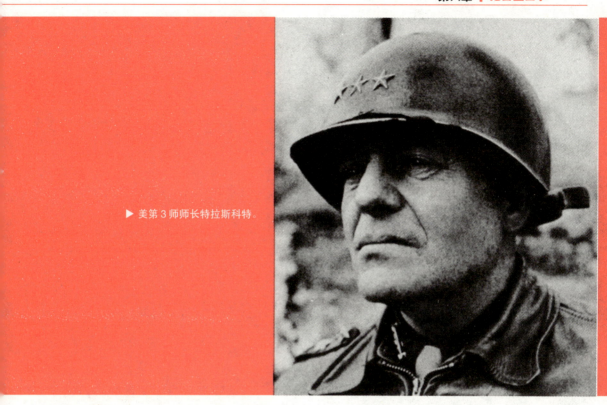

▶ 美第 3 师师长特拉斯科特。

袭巴勒莫海港，轰炸造成的大火将全城照得通亮。美军舰只损失一小部分，一艘军火船中弹爆炸，幸运的是运输舰安然无恙。也是这一天，第 45 师在圣斯特凡诺依然寸步难行；空军部队对美军第 7 集团军的支援很不协调，常常轰炸己方部队。美军伤亡惨重，减员严重，有的部队没有军官替补，只好由军士充当排长指挥战斗。伤亡人数直线上升，却得不到补充人员。

8 月 2 日形势仍然没有好转，沿海岸公路东进的第 3 师师长特拉斯科特报告，地雷和轰炸使第 3 师前进速度减慢；艾伦再次报告，在德军顽强抵御下，第 1 师包围和攻占特罗伊纳的努力已宣告失败。

看来德国人决心坚守特罗伊纳，这大概是西西里战役中最激烈的一次战斗了。

艾伦在作战中的表现令人失望，据布莱德雷讲，在如此紧张激烈的战斗中，艾伦旧习未改，仍目无纪律，擅自行动，不执行上级的命令，有时甚至公然违抗。身为军长的布莱德雷有时不得不直接过问该师的战术计划。也许，把艾伦师留下来是个错误？巴顿不免有些自责。不过，在战役初期的登陆阶段，这个师打得还是不错的。

也许，此次作战当主力冲锋陷阵，部队会出现疲劳过度、士气不振的状况，该把他们撤下来休整了，还有那两个放荡不羁的师指挥官，也该考虑撤换了。不过，目前首先要考

▲ 美军向德军盘踞的山头发起进攻

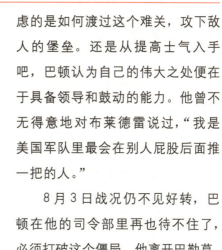

虑的是如何渡过这个难关，攻下敌人的堡垒。还是从提高士气入手吧，巴顿认为自己的伟大之处便在于具备领导和鼓动的能力。他曾不无得意地对布莱德雷说过，"我是美国军队里最会在别人屁股后面推一把的人。"

8月3日战况仍不见好转，巴顿在他的司令部里再也待不住了，必须打破这个僵局。他离开巴勒莫，在紧靠塞拉米的地方建立了他的前线司令部，第1师的指挥所就设在塞拉米的一所旧校舍里。

然而在第1师的所见所闻使他目瞪口呆。师长艾伦和副师长奥多·罗斯福之间产生了个人纠葛。艾伦将军个性很强，但慢吞吞的指挥作风和抗上的脾气常使巴顿生气。奥多·罗斯福将军是罗斯福总统的儿子，也是位个性很强的军人，他平易近人和有人情味的作风深得士兵喜爱。两位将军在第1师各有一群拥护者，两者之间出现了不必要的矛盾冲突，加剧了第1师的混乱。而且，在两位将军的溺爱下，第1师官兵产生了居功自傲、不愿服从命令的情绪。巴顿陷入深深的忧虑之中。

"布莱德雷，第1师的情况真是很糟呢。"巴顿忧心忡忡地对布莱德雷说。"他们对过去的战绩自命不凡，对眼前的逆境则悲观失望。可能是因为他们在突尼斯和西西里这两次战役中都首当其冲，吃够了战争的苦头，现在已经变得感情冲动，甚至不听指挥了。知道我今天一天得出的观感是什么吗？纪律松弛，不服从上级。"

"责任应该说在于艾伦。他太突出个人，在战争这个群体活动中不能合群。他的士兵对艰苦的斗争感到灰心丧气，各自考虑自己的命运，这同艾伦放任自流的做法不无关系。"布莱德雷发表着自己的看法。

"不错，我很敬佩艾伦的勇敢和能力，所以说服艾克让他参加西西里战役。他在特罗伊纳战斗之前取得的那些胜利，说明他没有辜负我对他的信任。可是，我实在不能容忍他的个性和喜欢顶嘴的脾气，我决定了，找个机会把他调走。"

布莱德雷心中暗喜，急忙补充道："副师长奥多·罗斯福应该和艾伦一起调走，他的毛病也在于过分宠爱这个师，他和艾伦之间的纠葛，加剧了全师的混乱。"

"就这样定了。我授权你处理这个问题。"

看着巴顿一脸不快的样子，布莱德雷知道，他在为目前的僵局犯愁。很久以来，美军一直受到英国人的轻视和奚落，抢在蒙哥马利之前进入墨西拿，无疑是大长美军志气的一次行动。可是照现在这个局势，美国人的希望肯定要落空了。

与此同时，英军战线则在稳步地向前推进。在蒙哥马利等待其预备部队第78师到来期间，加拿大第1师沿艾伦师南面的另一条公路发起了第三波攻击。这道攻击线的地势是整个西西里最崎岖不平的，德国人防守也很严密，但加拿大师作战勇猛，于7月22日占领了莱昂福泰，27日占领了阿吉拉，并且在第231旅的援助下，于8月2日从戈林师手中夺取了雷加布托，7月25日抵达西西里的第78师也于当日占领了森图利普，到8月5日，第13军推进到了埃特纳火山与大海之间的狭长地带，第30军也推进到了火山另一侧的丘陵地带。

特罗伊纳之战打得如此艰苦，是艾伦始料未及的。该地区地形之坎坷，德军防线之坚固，都是他头一回遇到。加上美军内部经常出现盲目乐观情绪，以及情报上的误差，"大红一师"在进攻的头 3 天连吃德军的几记闷棍，艾伦真有点发懵了。

经过艰苦战斗，艾伦的部队好不容易在 8 月 3 日占领了关键制高点巴西利奥山。中午时分，德军便开始反扑，企图夺回这一制高点，先是猛烈的炮火袭击，接着德军步兵发起进攻。美军步兵和机枪手在密集炮火有效支援下，进行顽强的抵抗，粉碎了德军企图重新夺回这一关键山头的反攻。但是巴西利奥山的两面都易于遭受纵向射击，艾库托山和特罗伊纳地区的德军不断猛轰巴西利奥山的美军。

占据巴西利奥山的美军营尽管成功地守住了阵地，但他们已无力再发动进攻，切断特罗伊纳以北的公路。艾伦觉得必须在其他方向采取行动，便命令第 39 步兵团先头营进至距迪塞索山 800 米处。团长弗林特一口答应了，说道："那里现在无人防守，如果你愿意我们就占领它。"

然而，美军一个连傍晚开始向该高地进发时，突然遭到德军炮火袭击，接着德军步兵进行反击，击溃美军部队，将其逐回出发线。

实际上，德国人曾在电文中谈到他们的意图，但是第 1 师司令部的情报人员已关机睡觉了，未能截获该情报，在战斗发生的一个半小时前，美军第 26 步兵团觉察到德军正在其右翼

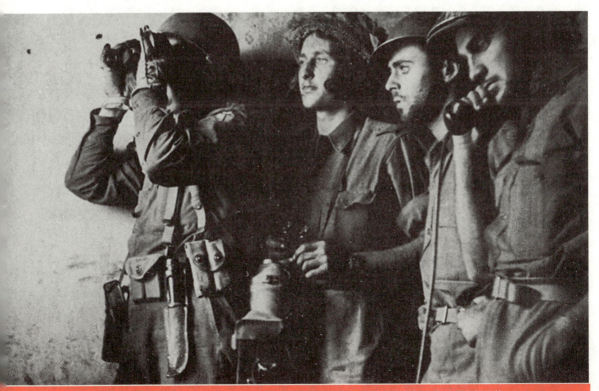

▲ 美军指挥官在前线指挥作战。

渗透，团长波温上校当即向师指挥部报告了这一情况，但师部显然未能把这一情报告诉第39团，更为奇怪的是师长艾伦也不知道这一变化。

到进攻发起的第4天，第1师尽管没有占领特罗伊纳，但还是取得了一些重大进展。第16步兵团和第39步兵团曾一度被德军的反击击溃，但他们牢牢守住了威胁着特罗伊纳城的阵地。而占据巴西利奥山的第26步兵团可以对特罗伊纳以外的第120号公路实施远距离拦阻射击，从而破坏德军的交通运输。

8月3日晚上，艾伦命令已投入战斗的部队连同从南部调来的援军再次发起进攻。他指示第18步兵团团长史密斯上校将其第2营前调，负责右翼地区，这样，史密斯不仅指挥他自己的两个营，同时还指挥已在该地作战的第16步兵团第1营。艾伦希望，通过在两翼部署两个团来实施钳形攻势：第18步兵团在南面，第26步兵团在北面，中央以第16和第39步兵团对该城实施正面进攻。

由于不知道这次进攻能否奏效，艾伦心中忐忑不安。攻占特罗伊纳对这次战役太重要了。德国人从战役一开始就表明，他们必须要坚守的一道防线是沿埃特纳山南部底座延伸的防线，而特罗伊纳位于120号公路边，将这条防线从埃特纳一直延续至北部海岸。特罗伊纳无法迂回，只有占领了它，美军才能突破德军防线，直奔北海岸。换言之，特罗伊纳被攻克，整个埃特纳防线将岌岌可危。

艾伦如果知道这几天的进攻给德军第15装甲师造成的损失，可能会增加一些必胜的信心。德国部队至少损失了1,600人。此外，在8月3日夜间，德国第14装甲军已将其最后一支预备队派给了第15装甲师。

第14装甲军军长赫布将军不仅密切注视特罗伊纳的局势，他还十分关注紧挨南面的地段，英军加拿大师正在那里沿121号公路前进。早在7月30日，在一阵猛烈的炮火准备之后，加拿大部队便猛打猛冲渡过了迪泰诺河，为新近抵达的英国第78师提供了一个桥头堡。接着，英军对左面的雷加布托和右面的森图利普发起进攻，德军这两个在阿德诺防区的主要前哨分别于8月2日晚和8月3日早上落入盟军手中。

如果英军越过雷加布托施加压力并切断特罗伊纳－阿德诺公路，赫布便面临加拿大师向北转、切断特罗伊纳以东120号公路的危险，在这种情况下，第15装甲师的撤退便是势在必行了。不过，赫布实在舍不得放弃特罗伊纳堡垒，只要德军能保留一条东撤的路线，他就打算坚守下去。尽管盟军到8月4日已严重地威胁到埃特纳防线，但并没有攻克它。德军撤离西西里取决于尽量长时间地守住埃特纳防线，赫布决心尽全力做到这一点。

在特罗伊纳之战的第5天，艾伦师的处境仍然不妙。德军在120公路以北成功地发动了一次反击，美军损失惨重；公路以南的德军也顶住了美军的进攻，守往了阵地。到中午，艾伦师进攻受阻，后劲全无，迫切需要援助。

应布莱德雷将军的要求，午后，36架盟军飞机出现在空中，对德军实施大规模空袭。下午5时，第2批36架飞机再次支援步兵作战。整整一下午，美军飞机和大炮重创特罗伊纳及其周围高地的敌人，不过，阿库特山逃脱了，飞行员没有发现这个目标，但这已经足够了。盟军的空袭及强大的炮兵火力轰击压得德国人几乎抬不起头来，德军的抵抗被大大削弱了。

艾伦4个团的部队利用德军瘫痪之际迅速推进，猛攻几个俯瞰全城的高地，并且在南面取得较显著的战果。第18步兵团一部消灭了当面之敌，直捣南面的特罗伊纳通路；同时，加拿大师越过雷加布托发起攻势，渡过特罗伊纳河，牢牢控制了特罗伊纳－阿德诺公路的一段。

然而，艾伦师的优势保持时间很短。至此，布莱德雷已命令正向尼科西亚开进的埃迪第9师准备接替第1师。

至8月5日，德军的防御战还是成功的，不过，第15装甲师师长罗特将军知道，他在特罗伊纳坚持不了多久了。由于部队损耗严重，人员疲惫不堪，他请求赫布批准他撤至5,000米外的一条新防线上，但遭到拒绝。罗特最担心的是特罗伊纳以北美军部队的威胁，尤其是巴西利奥山上的第26步兵团，他们正在攻击该城以东的120号公路。为阻止美军切断他撤出特罗伊纳的唯一逃路，罗特竭尽全力对付公路以北的第39步兵团。他还担心同左翼的戈林师失去联系，该师在英军第30军的打击下，正缓慢地向埃特纳山退去。尽管英军对罗特左翼只作出微小的突破，但德国人在岛上已经没有后备部队了，罗特怀疑戈林师能否长时间地顶住英军的攻击。

赫布接到罗特要求后撤的电报后，曾一口回绝了他。他要遵照元首的指示，待更多的部队撤到东北部之后，再考虑撤退问题。他担心后退一步，就会再也顶不住盟军的推进而一路败退下去。可是现在来看，形势十分严峻，不退不行了。

到8月5日晚，德军整个战线局势紧张：第15装甲师的作战效能大大降低，没有后备队，盟军已突破塞萨罗地区的埃特纳防线，有可能在德军的后部实施登陆。于是，赫布接受了罗特的建议，决定撤到一条较短的防线去。

这条防线从埃特纳山后东海岸的加利延至北海岸的奥兰多角，赫布命令部队边打边撤，他希望在新防线能再坚守一星期的时间。8月5日夜，德军战线东部和中部地段的部队开始奉命撤走。东海岸的戈林师实际上在8月4日晚间便开始从卡塔尼亚撤退，只留一支后卫队在第二天上午抵御英军。

8月5日晚，罗特开始将其部队从特罗伊纳撤走，沿120号公路向塞萨罗移动。8月6日

▲ 西西里民众欢迎美军的到来。

夜幕降临时，罗特的部队在塞萨罗西部占领防线，而大部分重型装备已经上路前往墨西拿，准备撤离西西里岛。

尽管盟军巡逻队已发现德军的撤退迹象，但艾伦吃够了苦头，仍小心翼翼地制订了 8 月 6 日的进攻计划。计划人员详细规定了骚扰和火力准备的任务；参谋人员要求至少派 72 架轰炸机轰炸特罗伊纳东面最后半英里的公路，并对远至兰达佐的公路进行扫射。不过，艾伦还是将进攻时间延至中午，如果德国人真的在撤退，那就最好让他们走。

进攻计划确实已没必要实施了。8 月 6 日拂晓，德国人已撤退一空。8 点以后，第 16 步兵团巡逻队进入特罗伊纳，只遇到了零星抵抗。

特罗伊纳遍地尸体，满目疮痍，只有几百名市民出来迎接美国人，大部分人已逃到山里。空气中充满灰土和尸体的恶臭，碎砖烂瓦堵住了一条街，一枚 90 公斤的炸弹躺在教堂中央，尚未爆炸。

　当天下午，艾伦将该地区移交埃迪将军，之后，第47步兵团绕过特罗伊纳前往塞萨罗。艾伦也交出了指挥权，他和他的副手奥多·罗斯福将"大红一师"交给了许布纳少将和怀曼上校。艾伦将军将返回美国指挥第104步兵师，后来他率领该师在西北欧打得十分出色；奥多·罗斯福将军先是在意大利担任第5军联络官，后来任第4步兵师副师长参加1944年的诺曼底登陆，获荣誉勋章。

　特罗伊纳之战结束了，留给艾伦的是一段不堪回首的经历。它足足花费了得到1个团加强的第1师和一个星期的时间，去消灭最初以为仅用1个团就能消灭的德国人，如果7月底的情报估计能更准确的话，如果艾伦在首次失利后能抓紧时间投入更多的兵力，而不是等待观望的话，仗也许不至于打得如此艰苦，部队消耗也不会如此之大。这个缺憾只有留待以后去弥补了。

　在盟军的进攻部队中有一些新型的军官，那就是民政军官。在以前的历次战争中，美国没有这样做过。这次是美军的首创。解放区域与占领区域中的民政事务，应该继续维持，保持秩序井然，以便支持盟军的军事行动。在这次世界大战中，需要动员解放国家和已占领国家的全部资源，以补充美军事行动的需要，增强作战能力。交通线与补给线的安全，防止罢工与破坏，消灭流行病与传染病，迅速恢复生产以及一般社会秩序的维持，都属于普通民事行政应负的责任。同时对各参战部队进行教育，要求注意在战火中保护那些有价值的艺术品以及古建筑和其他无价之宝，使其免遭战火毁坏。另外，整训解放国的居民，消除纳粹影响，使其成为盟国的战友，以共同对纳粹德国作战，也是非常重要的。

　　1943 年 5 月 1 日，陆军部成立了民政处负责制订陆军部处理上述问题的方针。关于方针的最后决策与执行，民政处还需要与海军部的相关机构以及其他相关的民政机关共同办理。同盟国联合参谋会议下设的联合民政委员会，陆军部、海军部都派出代表。联合民政委员会负责计划欧洲与太平洋间各国的民政事项，联合国的有关决议，也由联合民政委员会处理，同时，美国的有关方针也经过这个机构与英国的方针进行协调。

▼ 一支德军部队正匆匆地撤退，连躺在路旁同伴的尸体都视而不见。

关于在军政府服务的军官，以及在战场做民政活动的军官，必须经过设在弗吉尼亚州大学的军政府专科学校或者民政训练所加以系统训练。这个学校和训练所的管理，由宪兵司令遵照民政处的指示进行。

法属北非各国的民政，由法国政府处理。突尼斯的黎波里边境以东的民政事务，则完全由英国管理。

派民政军官随美军攻击部队一道登陆，在西西里岛尚属首次。负责这次行政工作的军官，英国与美国人各占一半。西西里战役开始时与结束时，这些军官始终跟随美军攻击部队，应各地区和各城市的需要开展工作。西西里战役初期，军政府的设立属于指挥的责任范围。随军前往的民政军官则负责办理应付当地民众事务。他们既负责组织行政系统，也负责直接处理有关具体事务，以便取得民众的信任和协助。他们中有各种行政事务方面的人才，如有治安专家、卫生专家、补给专家、农业专家以及其他方面的种种专门人才。军队行动的警戒与资料保管，地方物资的保护以及征用充作军用，社会治安秩序的维持等各项工作，都是治安军官的功劳。这些军官大部分是借用意大利陆军警察或其他治安警察的力量，完成上述治安任务的。此后我们不必再抽调战斗部队担负警戒任务。美军在西西里作战中，每肃清一座城市，同盟国的军政府随即就扩张到那里，接管行政事务。实践证明，民政事务军官的作用非常明显，至今，美英西方军队中仍设有这种职务。

No.3 盟军不同的军纪

在西西里岛上激烈的战斗中，蒙哥马利和巴顿都在自己部属的军纪问题上显示出两个人不同的领兵风格。在历经沙漠苦战的盟军官兵心目中，西西里岛真不啻是灵境天堂。当时正值盛暑，树上挂着摘食不尽的橘子和柠檬，家家户户都有丰富的美酒，西西里的女孩们尤其友善得逗人怜爱，使英美大兵们在浴血厮杀间隙，在与年轻貌美的意大利女孩子们调情中暂时忘记死神相随的战争存在。但是，传播疟疾的蚊虫却令人伤脑筋。各部队的医疗军纪都不太好，在规定排队领取预防药的时候，都是马马虎虎地敷衍了事。因疟疾侵袭而蒙受的伤亡率几乎和战斗中的伤亡不相上下。虽然盟军都已经习惯高温条件下的生活，但是，在沙漠里是干热，而在西西里却是又闷又潮，由于战斗节奏很快，根本无暇洗澡，皮肤一直是黏黏的，十分难受。

在这样的环境下作战，不同军队的军纪水平就显示出来了。蒙哥马利对军纪的要求一直就不高，认为大体上过得去就可以了，毕竟英国对绅士风度的追求，使英军的军纪还不太差。

▲▶ 蒙哥马利深入部队视察。

蒙哥马利认为：战斗的胜利主要在于士兵们的心，蒙哥马利一生都在做这样的一件事情，这就是如果让士兵们使出最大的力量，必须使他们绝对地信任指挥他们的那个军官，这是他的理念。那么为了争取与凝聚士兵们的心，他要求军官们体察下情，和士兵们一起渡难关。他说，如果士兵们知道军官们的生活和他们也差不多，那么再苦，士兵们也能够忍受。如果士兵们能够在前线见到高级军官，并且能够和高级军官平易地交谈几句，那么他们心理感知的是什么呢？我们有人关心，有人关爱，这是蒙哥马利对自己对他人讲的。所以说，他要求军官们必须到前线去，体察下情。为了争取和凝聚士兵们的心，蒙哥马利要求他的部下军官必须向士兵们讲真话，不能撒谎，不能骗他们。他说："现在的士兵和19世纪的士兵已经不一样了，有很大的不同，他们通过新闻、看书、电影，眼界开阔，思想活跃，他们经常将所见所闻与现实的环境做一个比较，他们渴望，他们心中升起一种渴望，渴望把自己的一切托付给他们所信任、绝对稳妥人的手里。"蒙哥马利说："如果军官不讲真话，那么他们会感觉受到军官们的嘲弄，于是对军官信任感也就没有了，士兵不信任你了，他们还会在战场上为你奋力

作战吗？”所以他强调讲真话。为了争取和凝聚士兵们的心，蒙哥马利要求每一个军官必须关注士兵们的生命，战争是要流血、要死人的，但是这绝不是军官漠视士兵生命的理由。他要求尽一切努力把士兵们的伤亡减少到最低程度。因此，蒙哥马利与士兵的关系十分融洽。

　　然而在西西里岛，英军的绅士风度荡然无存。英国第8集团军在后方的将士们都尽量地少穿衣服，有些人甚至在头上戴一顶西西里的宽边草帽。有一天，蒙哥马利坐在敞篷车上，正驶向第一线的时候，看到迎面开来的一辆卡车上坐着一个几乎一丝下挂的战士，脑袋上戴着一顶丝质的大礼帽。当卡车驶近蒙哥马利的车子时，那个驾驶兵由车窗探出头来，向蒙哥马利脱掉他的高帽子，做了一个怪模怪样的鬼脸，逗得蒙哥马利不禁失声大笑。虽然蒙哥马利只要求士兵能够打仗，能够打胜仗，对于服装问题一向不太苛求，但是也不能太荒唐了！蒙哥马利决心整顿一下军容。于是，回到司令部以后，蒙哥马利便立即下达了一道在第8集团军前所未有的有关服装问题的手令。手令是：“第8集团军人员不得擅自戴高大礼帽。”并要求特别注意在异国他乡女孩子们面前的英军军人形象。

　　然而巴顿却与蒙哥马利不同，巴顿是美军中要求部下军纪最严，训练最苦的将军。他要求他们部队必须时刻戴着钢盔，军容严整。这也是他在第二次世界大战中自己养成的一个习惯。早在北非战役他任第 2 军军长时，就从戴钢盔开始整顿军纪。第 2 军是一个由新兵组建的部队，军纪非常涣散。在美军中以训练差、军纪差、军容不整出名。为了使这支部队恢复战斗力，巴顿上任就从抓军纪开始。他针对军官士兵训练迟到的现象，规定 7 点半必须开完饭，晚来 1 分钟也没有饭。晚来 1 分钟饭就撤了，你就得饿到中午，过时不候。接着他又规定每一个官兵必须戴钢盔、扎领带、扎绑腿，包括护士在内，均不例外。当时官兵们认为他是吹毛求疵，怀疑巴顿令出未必那么认真，谁也没有想到巴顿抓这个事是一抓到底。巴顿雷厉风行，他定下这个规矩之后，每天除了到司令部转了一圈之后，还到各个师去跑，视察，专门抓不戴钢盔的人。他检查非常彻底，一次到厕所去，正好一个士兵蹲厕所没戴钢盔，他在厕所外边等着，出来之后到他师部去。那个师抓了 25 个不戴钢盔的，然后他说了下面一段话："我对任何一个不立即执行我命令的兔崽子，都不会容忍的，我给你们最后一次机会，要么罚款 25 美元，要么把你送上军事法庭，我在这里郑重地告诉你们，送军事法庭是要记入军人档案的。"进入军人档案是抹黑点，出去以后一生就有一个污点了。所以这 25 个人立即乖乖地交了 25 美元，然后这个事情一下就传开了。所以很快军队就变样子了，仅仅一周的时间，第 2 军的精神面貌就焕然一新。当艾森豪威尔视察这个军时，简直认不出这个军了，他对巴顿说："我接到有人告你的状，但是我不信他们，只相信你。"所以巴顿部队的军纪是很严的，巴顿部队是美军唯一的不能掉扣子的部队，巴顿说军队如果掉扣子，就意味着向德国潜艇击沉一艘商船一样严重。为什么他提高到这么一个层面上来认识问题，他讲究的是军人一定要一丝不苟，军人如果有一点假的，平时一旦有丝毫的松懈，战争中可能丧命的几率就会比别人大，所以巴顿的部队是美军作战中伤亡最小的。北非作战的酷热环境下，包括护士在内都要戴钢盔，严谨的军纪就是巴顿军队具有不俗战斗力的原因。

　　另外，巴顿时间观念非常严，他要求军中的牧师布道不许超过 10 分钟。当时美军牧师每天布道的时间一般是 30 分钟，巴顿认为这不行，太浪费时间了。他就把他军中的牧师给叫来说："对上帝的崇敬我不亚于任何人，包括你。可是，你们这些该死的布道既枯燥无味，又浪费时间，我相信我的官兵到教堂并不希望你们向他们讲基督的神威和祷告的效能，他们更不愿意听半个小时的布道，我告诉你们谁布道超过 10 分钟，我就把你们的职务解除，我相信你们会在 10 分钟之内把一切要讲的事情说得明明白白的。"他讲完之后第二天是个礼拜天，又该祈祷了，官兵到教堂来了，他自己带着他的几个随从，穿着高筒的马靴，戴着钢盔就走到教堂，然后他坐在第一排，他的眼睛就开始盯着主，到了 8 分钟之后，他眼睛开始盯着牧师

▲1920 年时的巴顿。

了，两分钟之后牧师干干净净结束布道了。这件事情很快传出来，神学院对此非常反对。但是，他坚持自己的规定，否则要神学院来战斗，自己去布道。最后神学院妥协了。神学院告诉他的学生说布道超过 20 分钟就不再有灵魂解救了。所以美军现在的牧师布道都变成了 10 分钟，这是巴顿遗留下来的规矩，巴顿的部队军纪最严、训练最苦也因此而得名。

巴顿之所以对军纪要求甚严，主要来源于老上级潘兴将军的教诲。战争是来不得任何虚假的领域，其他领域有虚假，顶多是产品出个质量问题，一般来讲不会死人的，除非你拿毒药做蛋糕。但战争不行，战争不能玩假的，战争玩假的带来的只能是死亡。巴顿曾经向部下讲美西战争时期的潘兴将军的事情：潘兴在视察一个部队的时候，这个部队是个炮兵营，炮兵营要给潘兴表演实弹射击，这个营的营长非常精于射击速率。为了避免出现因为打不准而影响自己的晋升，所以他想出了一个办法，在炮弹要落的目标区预埋了炸药，这边开炮，他按照这个弹道走的速率，然后按这个时间差，把炸药点着了。实际上他放的是空炮弹，潘兴在主席台不知道，一看炸点，目标区，炮声隆隆之后，尘烟就起来了，非常准，还为其鼓掌祝贺。后来跟这个炮兵营的营长有矛盾的一个军官，就把这个事捅出来了。潘兴得知后勃然大怒，立即将这个营长撤职了，说他最好的角色是到百老汇当一名演员，因为那是在演戏，而战争不是演戏，战争来不得任何虚假的东西。后来这个炮兵营长在第二年的 1898 年美西战争中阵亡了。这个故事连后来麦克阿瑟在西点军校讲课的时候都经常提起。这个故事对巴顿的触动很大，后来他给潘兴当副官的时候，还证明了这件事情的真假，所以此后巴顿在担任各级职务中，都以这个故事为教材，严格训练。

No.4　巴顿的耳光事件

由于巴顿对部属军纪的要求极其严格，以至于在西西里岛作战中处理方法不当，险些因此毁了自己的军旅生涯。

1943 年 8 月，巴顿率领的第 7 集团军正在加紧向墨西拿奔进，遭到德军第 15 装甲师的顽强抵抗，此时德军非常难以对付，他们为每一寸土地拼死战斗。巴顿承受着越来越大的压力。

坏消息接连不断地传来，米德尔顿将军的第 45 师在蒂勒尼安海边的圣斯蒂芬诺前受阻；地面部队与埃德温·豪斯少将的空军支援协调不起来，使得美机常常轰炸自己的部队，更糟糕的是，巴顿的每个师几乎都遭到惨重减员。因为没有军官替补，军士充当排长。每伤亡一个士兵，就减少一份力量，伤亡人数在继续增加，但却得不到补充人员。整个战场形势非常严峻。情况非常不妙，巴顿彻夜不眠，辗转反复，但始终想不出任何圆满的解决办法。

▲ 巴顿在看望伤员。

▲ 巴顿在西西里。

巴顿决定到医院去看一看。

每当巴顿感到有必要振作自己的精神时，他总是去附近的医院看看，看到伤员就可以得到些安慰和鼓舞，因为他们的创伤就是他们英勇作战的标志。而且他的到来对伤病员也是一个鼓舞，使他们产生斗志，增加信心。况且巴顿的领导和鼓动能力是一流的，他也自称是美军里最会在别人后面推一把的人。巴顿认为那些伤病员需要他去帮助减轻伤病的痛苦，增强意志，尽快返回部队参加战斗。前线太需要人了！

巴顿通知军医丹尼尔·富兰克林上校带着40枚紫心勋章陪同他去后方医院看望伤病员。

他顺着病床巡视着，并用平易近人的口气与他们交谈：

"小伙子，哪儿受伤了？"

"胸部，长官。"为了让整个病房的人听到他那鼓舞士气的话，巴顿提高声音道："我见到一个德国兵连脑袋也没有，官方统计，你们已经打死或俘虏德国兵8万人，但是实际数字要大得多，战斗结束前起码是这个数字的两倍，最后一仗还等着你们去打呢！快好起来吧，小伙子！"伤病员们听着他那极富蛊惑力的言词，情绪非常激动。第7集团军最高长官都亲临前线指挥，自己怎么可以待在医院里呢？

这时，巴顿看到一个已经失去知觉的战士，带着氧气面罩，生命岌岌可危，巴顿摘下头上的钢盔，单腿跪下，把一枚紫心勋章别在他的枕头上，并默默地说了几句话，然后站起来立正。病房里的人全都激动得掉下了热泪。

8月3日，战况仍无好转，巴顿索性把司令部挪到了紧靠第1师的锡拉库萨。他和士兵们混在一起，他发现第1师的情况非常糟糕，他们在两次战役中都首当其冲，现在变得感情冲动，甚至有些不听指挥。他们对过去的战绩自命不凡，对眼前的逆境则悲观失望。更使他气愤的是现在前方战事吃紧，人员伤亡大，又得不到补充，却有越来越多的人因为惧怕打仗而躲在医院里装病号。巴顿不能容忍这种事情的发生。

坐在车上的巴顿想着前线发生的事情，情绪非常不好，就像一头受到伤害的狮子，随时准备扑出去。这时他发现了指示到第十五后送医院方向的路标，便命令司机把车开到了医院。

巴顿的来访使十五后送医院的官兵非常紧张，巴顿对军容风纪要求非常严格。他刚一接管第7集团军，就像刚接管第2军一样，发布了一道命令，要求部队随时戴好钢盔和系好绑腿。军医艾伦少校曾经写道："这项命令在帐篷里是不能执行的，因为一个医生戴着钢盔就不可能再戴听诊器了，戴着钢盔做手术岂不更可笑！尽管这样，一个医生从一个帐篷走到另一个帐篷时，也要戴上钢盔。"

幸好十五后送医院的一切都符合巴顿最严格的要求。

巴顿同伤病员们交谈着，并不断鼓舞着他们的士气。巴顿最擅长的是滔滔不绝的演讲，而且极具煽动性，他从一个帐篷走到另一个帐篷，对每一个人所说的话完全不同。可以看得出来，巴顿此时的情绪非常不稳定，眼前的伤病员伤痕累累，有的肉体被撕裂，惨不忍睹。第1师的情况仍然在他的大脑里盘旋着。

在巴顿正要离开医院时，忽然看到一个小伙子躲在一个角落里，他身上没有缠绷带，说明他没有受伤。巴顿朝他走去。这是一个长相漂亮的二十四五岁的士兵，他正手足无措地站在那儿。

"你是怎么回事？"巴顿脸色阴沉地问道。

显然这个士兵已经被吓得够呛了，他小声地且颤抖地回答道："我……我觉得自己受不了了。"

"什么？受不了了？"巴顿顿时火冒三丈，他怎么能够容忍这种事情发生。他抑制不住满腔怒火，高声嚷道："前方士兵正在浴血奋战，后送医院的战士又伤痕累累，而你却是个逃兵，一个懦夫，军中的败类，简直令人恶心。"边说边用自己手中的手套抽了他一个耳光，然后拽住他的衣服领子把他扔了出去。

"不要收留这个没有出息的孬种。"他转身对医院的负责人魏斯顿中校嚷道，"审查这个人，马上送回他的部队，马上就去。"魏斯顿中校慌忙命人把这个年轻士兵架了出去。

挨打的这个可怜的士兵名叫库尔，正在发疟疾，他的体温高达39度，今天实在是该他倒霉，碰上了愤怒中的巴顿。巴顿这次犯下了一个莫大的错误。好在库尔是个通情达理的人，在第二天给父亲的信中提到此事，"将军昨天打了我一个耳光，踢了我的屁股，还骂了我，我不知道这件事结果会怎样，但你来陪我时，就不要提这件事了。"在米沙瓦卡的库尔一家人真的像查尔斯嘱咐的那样，未再追究此事。他的父亲也是这样说："我对巴顿将军没有个人成见。"也许大家认为将军的失态是情有可原，总之不管医务人员，还是库尔，以及库尔的一家都没有追究这件事，仿佛事情到此为止了。巴顿也没有将它当回事儿，只是在日记中写道："我遇到一个胆小鬼，我把他赶出了医院。"

但是巴顿显然低估了这件事件的严重性，他没有想到在美国因此而引发了一场声讨巴顿法西斯作风的运动。

8月4日，空军豪斯将军派出72架战斗机，每架都载着几枚500磅重的炸弹，轰炸特罗伊纳。有力地配合了艾伦将军对特罗伊纳的攻击。6日，德军撤走。

但是，德军在特罗伊纳以东设立了一道道防线。为艾伦第1师的进攻又设立了层层障碍。此时特拉斯科特将军的第3师向圣富特罗脊进攻，也毫无进展。巴顿心急如焚，在到布莱德雷指挥所的路上，当他看到通往第九十三后送医院的路标时，又控制不住自己，不禁又命人驱车前往了。

巡视又开始了，在医院院长柯里尔的陪同下，巴顿将军从一个帐篷走到另一个帐篷，从一副担架走到另一副担架。他不断和士兵们交谈着，但少了些往日的诙谐与幽默。他问候士兵们的病情，并祝贺他们所取得的成绩。当巡视到一副担架前，他的脸色一下子阴沉下来，因为他看担架上的士兵既没戴夹板又没缠绷带。他严厉地问道："你是怎么回事？"士兵答道："我在发烧，长官。"这时，旁边的医生也过来帮助士兵说话。巴顿正要再说什么，忽然看到另一个士兵夹着香烟，紧张地站在一旁的出口处。

"你又怎么了？"怒气未消的巴顿转向这个可怜的士兵高声且严厉地问道。

士兵哆嗦地答道："我的神经有病。"

"什么，神经有病？"巴顿吼道。

士兵开始哭泣，并且回答道："我的神经有病，我再也忍受不了了，我不想再打仗了。"

"住口！"巴顿伸手就给了他一个耳光，"我为你感到羞耻，你还好意思说出口。这是什么地方，这是伤病员待的地方，你别在这些勇敢的战士面前丢人了。你要去打仗，明白吗？你要去打仗！"巴顿揪着那个士兵的前襟，恶狠狠地说道。"你要是不去，我就叫行刑队毙了你这个逃兵。"说着又是一巴掌，打落了这个士兵的帽子。然后回过头对医院的接收官吼道："我注意到，有极少数军人借口神经衰弱，不能打仗，擅自去住医院。这些军人是懦夫，毁坏部队的声誉，丢指挥官的脸，他们毫无良心地让指挥官去经受战争的危险，而他们自己却把医院当做避难所。各级指挥官应该采取措施查明，凡属这类情况者，不应送往医院，而应在本部队处理。对那些不愿意打仗的人员，应以临阵脱逃罪交军事法庭审判。"

由于战事频繁，巴顿忙得不可开交，早把在医院里的不愉快事件忘得一干二净。然而医院却为此事炸开了锅，各种传闻纷纷而来。该军军医长打了一份报告交给了布莱德雷。布莱德雷在巴顿手下工作，尽管他很反感巴顿的这种粗暴行为，但他忠于巴顿，而把报告束之高阁了。

外界的传闻越来越厉害，并且传到了新闻界。各报记者争相涌入第十五和第九十三后送医院，当他们确实证明这件事情的真伪时，整个舆论界哗然了。他们强烈要求巴顿应当受到最高军事法庭的审讯。巴顿的粗暴性格使他做了许多不可理喻的事，所以，他的这种行为也遭到几乎所有士兵的不满。

在十五后送医院巴顿所打的士兵名叫库尔，他是一个机灵而且比较冷静的士兵，他不愿此事张扬出去，他同时也劝别人"不要再谈这件事"，尽管当时他确实发着高烧。他的父亲也

▲ 巴顿与手下军官交谈。

是这样说："我对巴顿将军没有个人成见"。巴顿对国会调查人员说："军人也是一个公民，实际上公民的最高义务和权利就是拿起武器保卫祖国，这个怯懦的狗杂种（还是改不了粗口）可以给自己找借口：'管他娘的，没我地球照转，我只不过是千万分之一'。如果每一个人都这样想，我们怎么办，我们的国家、亲人甚至整个世界会怎么样？不，他奶奶的，美国人不那样"。后来，库尔成为一名勇敢的勇士，他在柏林战役中获得了一枚紫心勋章，他准备向他的老上级巴顿汇报时，巴顿已经死了。

但是，在九十三后送医院的情况就不同了，被打的士兵是一位来自农村的淳朴青年，名叫保罗。珍珠港事件前，他就应征参加了正规军，在服役期间，他一直表现相当出色。只是当他妻子寄来刚出生的孩子照片时，他开始出现极度的紧张病状。前线精神病专家把他的病情诊断为"忧郁型神经官能症"，并认为他的病可能是由于他害怕自己死前见不到他的新生孩子所引起的。尤其是每当出现伤亡情况，他的病情就进一步恶化。并且他对周围受伤的朋友表现出了病态的让人接受不了的关心。大家不知他将会做出什么样愚蠢的事来，便决定把他送到后送医院，可是保罗不愿意离开部队，并且请求不要把他送到后方。但是部队还是强制性的把他送到医院。不幸的是就在他刚被送到医院几分钟后，恰好巴顿将军也临时决定到这里来视察。

当巴顿了解情况后，他对亨利·泰勒说："我感到很难为情，我希望整个事情会平息下去。"

可是，这件事并没有随着他的离去而被人忘却，这已经成为人们议论的中心。

在这种情况下，艾森豪威尔感到很为难，他派佩林·朗中校对此事单独进行一次调查，并强调要严格尊重事实，调查材料直接交给他。然后，他把几名大将请到他的办公室说："这件事现在很不乐观，新闻界急于报道此事，他们要求送乔治到军事法庭受审，这些都严重影响了乔治的声望。但我认为正是他的紧张情绪和容易冲动的性格，使得他在动荡不定的局势中成为一名杰出的军事将领。目前情况下，我们需要像他这样具有一往无前精神的指挥官。他对士兵要求越严，就越能保全这些士兵的生命。他始终要求部队不知疲倦地使出最后一点力量，因此，我认为为了迎接欧洲战场的各大战役，我们要尽可能地保全他。"

艾森豪威尔恳求记者们不要在新闻媒介上宣传此事。其他一些将军也提出相同请求。记者们被这种真诚的态度以及部队对巴顿的殷切需要所感动，他们同意对此事不做宣传。

艾森豪威尔想自己私下里解决这件事。他于8月17日给巴顿写了封信，狠狠地责骂了他，并命令他去向那两个士兵道歉，向后送医院的所有人员道歉，还要向整个第7集团军道歉。其实艾森豪威尔也顾虑重重，对巴顿这样傲气冲天的将军来说，有可能宁愿辞职也不肯低头。巴顿接到信后，29日给艾森豪威尔写了回信，承认了自己的鲁莽冲动，但却很委婉地为自己的行为进行了辩解。在回信之前，也就是8月22日，刚接到艾森豪威尔写来的信后，巴顿便把有关人员集合到前意大利国王王宫里自己的办公室内，举行了道歉仪式。

被召集的人万分惊讶，他们不明白是怎么回事，立正站在那里。屋子里一片寂静，巴顿威严地坐在椅子上，他开口说了后："大家不要再猜为什么被集合在这里，我只是觉得有必要做些解释：作为一个指挥官，我希望我的每一位士兵都是勇敢的人，我要让他们振作起来，这样才能打赢这场战争，否则，就会被敌人打死。我的一个战友就是因为精神一度消沉而自杀的。我认为如果给他一记耳光能够使他清醒并振作起来的后，他可能就会免于一死。希望大家能理解一个指挥官的心情，并且希望大家忘掉这件不愉快的事。"

过后不久，巴顿出席了欢迎红十字会会长诺曼的集会，这是事件发生以后他第一次公开露面，他知道士兵中间流传着许多关于他的传闻。

诺曼讲完话后，请巴顿讲话。士兵们望着他，不知道巴顿该如何应付这种场面。巴顿穿着整洁的军服，笔直地站在台上，脸色阴沉地说："战争是干净利索、直截了当、残酷无情的，因此指挥战争的人也应该是个干净利索、直截了当、残酷无情的人。""我想我还是应该站在这里，让你们看看，我是不是像你们想象中的那样一个混蛋。"完全出人意料，待士兵反应过来后，欢呼声几乎要掀掉房顶。

看起来，这件事似乎已经了结了。

然而，事隔不久，也就是1943年11月21日，一名新闻记者违背了协定，在一次星期日广播节目中，向全国公开了此事，并捕风捉影，加以夸张。这就像一颗炸弹，震惊了全国上下。

▲ 艾森豪威尔希望低调处理巴顿掌掴士兵事件。

又一次声讨巴顿的高潮掀起了。

国会议员们不断收到愤怒者的来信，他们要求惩办暴君乔治·巴顿。

"我要求对乔治·巴顿的行为做一次调查。"

"应该把巴顿赶出军队，一个如此不能控制自己的指挥官，指挥一个连队也不配，更不用说指挥一个集团军了。"

"我请求对巴顿将军的事件进行调查，这些可怜的孩子是美国士兵，而不是德国士兵。如果让我们的士兵受虐待的话，那就把希特勒请来让他干吧！"

"不易动怒的人胜于强者，善于控制自己的人才能夺取城堡。"

更有甚者，有人要求把巴顿派往西海岸的日本人收容中心。"让他去打那些小日本的耳光吧！"

这次声讨中，还涉及到艾森豪威尔将军，许多人认为他在有意捂住事件的真相，为巴顿护短。

无奈，盟军最高司令部为了澄清事实，先后举行了两次记者招待会，回答并解释有些故意甚至是刁难的问题。尽管如此，还是不能彻底解决耳光事件，人们依然热衷于此事。事情越闹越大，甚至引起了白宫的注意。在国会议员们的督促下，负责此事的陆军部长史汀生要

◀ 美军在卡塔尼亚与德军作战。

▶ 从西西里撤离的德军部队。

求马歇尔将军下令由艾森豪威尔直接提交一份全面报告。

显然，艾森豪威尔偏向于巴顿，因为他知道像巴顿这样的猛将不可多得。在这期间，巴顿在西西里无所事事，上级安排他到各个战区走走转转，本来他有希望去意大利指挥第5集团军，现在因为殴打士兵而希望破灭了。但是，不管怎样，巴顿已引起敌人的恐慌，敌人把他当成战场上最危险的对手。巴顿带着十几名参谋人员到各地游览，引得敌人跟着他团团转，巴顿不管在什么地方出现，都会引起德国人的狂热备战，这也是上级的用意所在。巴顿一直没有得到国会的谅解。他在这段时间的态度是保持沉默。

事实上，早在1943年上半年北非战场的作战已接近尾声之际，艾森豪威尔与巴顿之间第一个不和谐音符就已经出现了。当时，巴顿感到不再需要亲自坐镇于此，于是准备把军长职务移交给他的副手，自己则返回摩洛哥着手策划和准备西西里岛登陆战役。这种移交从军事上来说是可以的，但从政治上却容易给艾森豪威尔带来不利影响。为此，艾森豪威尔立即给巴顿致电"不要凭一时的冲动说话和办事"，强令巴顿坚守在北非战场，直至北非战事结束。而此时，艾森豪威尔想起了战前夏威夷军区司令史密斯将军给巴顿的评语："此人在战争时期会成为无价之宝，但在和平时期却是捣乱分子。"虽然巴顿视此为极大的赞扬，但艾森豪威尔却感到危机四伏。舍弃巴顿、重用一直为他充当耳目的布莱德雷的想法从此占据了他的大脑。

　　骁勇善战的巴顿并没有从"耳光事件"中吸取教训，后来在 1944 年 4 月 26 日，正当欧洲登陆战迫在眉睫之时，巴顿的大嘴巴又惹祸了。巴顿讲道："统治世界是英国和美国在战后的既定目标，当然这也是苏联的目标。"这些话引起了苏联的强烈不满，并险些使反法西斯同盟解体。艾森豪威尔对此事同样怒不可遏。若不是此时还需要利用巴顿的名气佯攻加来，巴顿必然会被一脚踢回国内。因为战争还没有结束，艾森豪威尔需要顺从、听话的布莱德雷的同时，更需要一些能征善战的将领，而巴顿是他此时唯一的选择。

　　但巴顿与艾森豪威尔之间的友谊已远非从前，巴顿的前途自从"一记耳光"之后，艾森豪威尔就已经知道巴顿只能发展为一名战将，而没有统帅之质。因此，开始重用巴顿原来的副手布莱德雷。以至于出现了在随后进攻法国与德国本土的作战中，巴顿的功劳几次被算在了布莱德雷的头上，为布莱德雷的发展铺平了道路。在盟军诺曼底的登陆集团中，布莱德雷被任命为主攻集群第 12 集团军司令，巴顿的第 3 集团军只被派去佯攻加来。而艾森豪威尔为提拔布莱德雷，甚至不顾巴顿的感情，公然将巴顿下辖的法国第 2 装甲师强行划给了布莱德雷，使布莱德雷能够以巴黎解放者的身份载入史册，而为解放巴黎创造出关键战机的巴顿则

▼ 美军向前线推进。

留下了终身遗憾。

当然，巴顿以后的这种不注意政治影响的"错误"接连不断。1945年8月，巴顿在一次记者招待会上，掉进一个记者设计的"语言陷阱"，称美国的共和党和民主党与德国的纳粹党没有什么区别。一语即出，令世界为之哗然，而不再需要战将的艾森豪威尔再不想原谅巴顿的胡言乱语。他果断地撤销了巴顿第3集团军司令的职务，把他打发回国去了。考虑到巴顿巨大的影响力，也为不使他的"好友""过分"难堪，艾森豪威尔给了他一个第15集团军（负责编写战史的"架子军"）司令的头衔。愤怒之余的巴顿拒绝了这一任命。从此，这两个名将之间的关系彻底走向决裂。当然，这些都是后来的事情了。

No.5　德意守军撤离西西里

在盟军登陆之后两个星期，凯塞林就知道西西里岛的陷落已为期不远了。在这期间，岛上的地面战局是向着不利于守军方面发展的。此外，盟军的战略海空控制延伸到把下第勒里

▼ 乘半履带式战车向前线开进的美军。

安海和爱奥尼亚海包括在内，其优势迫使德意海军不得不把其"前沿"军舰逐渐撤退到比较不受威胁的基地里去。

西西里岛上各港每次在地面战斗之后就一个接一个地落入盟军之手。如今英美鱼雷快艇开始夜间在墨西拿海峡活动，这样一来，使原来已冒了盟军空潜袭击之险而勉强通过该海峡的德意海军舰船，更加不可终日。意大利有两艘新建成的潜艇因企图通过墨西拿海峡而遭到损失。它们是"兰莫"号和"罗莫洛"号，艇型较大，航程较长而自给力也较强。它们能装载 200 吨以上的货物，原来是设计来担任运输潜艇的使命的。6 月 15 日晚上，当它从爱奥尼亚海向第勒尼安海转移之际，"兰莫"号在海峡南部被一艘英潜艇的鱼雷击中而沉没。3 天后，"罗莫洛"号也在同一海区内被盟军轰炸机击沉。

盟军使用西西里岛上的飞机场，攻击德意海上的运输线，使德意海军要想用稍大一点的补给船来接济岛上守军部队的计划，化为泡影。德意海军在几次船只沉没之后，在墨西拿海峡一带集中了为数众多的小型辅助舰只，让它们不断地从卡拉布里亚海岸和北东西西里之间穿梭往来。至于这些辅助舰在盟军不断的空袭下活动，生存概率要比大型船只高一些。

8 月 3 日当德意守军在卡塔尼亚平原防线被突破之后，英第 8 军和美第 5 军准备发动最后的攻击并向墨西拿城会师。守军部队再也不能把一条抵抗线保持多久了。因此，西西里的撤退就在同一天开始。盟军竭尽全力从海空两面来反对这一撤退的实施，但小型的意大利辅助舰，在少数德舰协助下，尽可能地把岛上的军队和装备撤到卡拉布里亚去。在连续不断的炼狱似的空袭下，意大利水兵在意大利海军史上写下英勇的一页。在扫射的弹雨和炸弹破片纷飞下，不断操纵小舰艇，用神话般的奇迹使马达继续工作，用少数防御武器几乎不断地发射。这些水兵冒着每一种风险并坚持到人类所能忍受的极限。就其航渡的次数之多与其所遭到的空袭之猛烈，这次西西里撤退轴心部队的工作，比起英军从敦刻尔克的撤兵情况，有过之而无不及。在撤退现场炼狱般的炮火下，一切有赖于船自为战和船员的技巧和勇气。穿梭撤退一直继续到最后一刻。在这次撤退过程中，有 15 只登陆驳船、6 只布雷舰和一大批更小的船只损失了，实际上它们都是被炸沉的。在空中下雨似的钢雹里，没有一只船是完全无恙的。就现有撤退地区之狭窄与空袭强度之巨大而言，则此役所冒的风险又非敦刻尔克之役所可比拟了。

谁能说出究竟一共航渡了多少次数？下述的事实可以帮助我们想象其大概，那就是在两三天内这些小船把 70,000 名以上的意德士兵和大批装备，包括约 10,000 辆的各型车辆和 17,000 吨的军火在内，运到卡拉布里亚去。

在德意军队精心周密的计划下，用 6 天 7 夜的时间，第 14 坦克军指挥着 4 万多德军和 6

▲ 巴顿与执行西西里登陆任务的指挥官握手

万多意军，以及 47 辆坦克、94 门火炮、9,600 余辆汽车、2,000 吨弹药和 1.5 万吨其他补给物资，几乎是德军 4 个师的全部重装备，经墨西拿海峡安全撤出了西西里岛，返回意大利本土。

盟国的空中力量虽然十分强大，却不能严重破坏敌人的撤离。蒙哥马利对盟军轰炸效率表示很大的怀疑与不满。他在回忆录中抱怨道："在关键的那几天内在墨西拿区域上空出动架次的数字很容易使人产生误解，它给人的印象是，盟军轰炸机向逃跑的敌人投下了不计其数的炸弹。这种印象是很不准确的。轰炸使许多海岸设施遭到严重破坏，但是却极难阻止下决心通过水道逃跑的敌人。"实际情况是，赫布中将既撤走了部队，也撤走了重型装备。德军弥补了因丢下西西里而遭受的损失。来不及撤退的意军，全部向盟军投降。

No.6 巴顿的两栖突击行动

8 月 5 日，英第 13 军推进到埃特纳火山与海之间的狭长地带，而第 30 军则推进到了火山另一侧的丘陵地带，与推进到尼科西亚的美军相呼应。鉴于英美两军的钳形攻击，即将形成对德军的合围，德军为避免被围，主动撤向阿德拉地区。德军有计划地边打边撤，在撤退途中，一面组织坚强部队不断依托有利地形进行阻滞，一面在桥梁和道路布设大量地雷和爆炸物，沿途过河炸桥，并埋下数以万计的地雷。8 月 6 日，第 13 军占领卡塔尼亚。但是，蒙哥马利还必须艰苦作战到底，他甚至把已经抽出来准备进入意大利本土的第 5 师又调回了前线。

正在密切注视着英军行动的巴顿尽管表面平静，然而参谋人员已经觉察出他在承受着越来越大的压力，用罗斯维奇的话说："这位将军就像高压电线一样，一旦超过负荷，就会颤抖和嗡嗡作响。"因为在巴顿的心灵深处，蒙哥马利将军是美军精神上的竞争对手。战争造就英雄，巴顿和蒙哥马利都被这场战争铸造成美国和英国的民族英雄。西西里战役打响以来，这两位各自国家军队的杰出代表既成为并肩同法西斯敌人作战的盟友，同时两人之间也暗中进行着一场较量。而且，巴顿还把墨西拿战斗看做是英、美两国军队的重要竞赛，不管出现什么困难，遭遇何等伤亡，美军必须获胜，只有这样，才能扭转世界对美军的看法，也才能证明，美利坚的军队是世界上最优秀的军队。同时作为美军将领，以胜利来回报自己的国家是他义不容辞的天职，他必须也只能这样做。巴顿要在西西里战场上，在争夺墨西拿的战斗中，证明美军是伟大的军队，他是一个伟大的军人，以实现他一生的梦想。

8 月初美军不仅未能突破德军设置的防线，反倒遭到重大伤亡，战役计划难以按时完成。更重要的是蒙哥马利已经取得重大进展，如果美军战况仍无好转的话，美军就得为未完成战役任务而受到世界的指责，他巴顿就注定成为这场竞争的失败者。

巴顿不能忘记，艾森豪威尔将军曾来到巴勒莫，在巴顿华丽的宫殿会晤了他，并同战地记者进行了交谈。记者曾提醒艾森豪威尔将军，他曾在不久前告知他们："两周之内也许可以结束战斗。"艾森豪威尔笑着答道："我是一个天生的乐观主义者，显而易见，时间要比我们预计的稍长一些。"

摆在巴顿面前的情况是，虽然他曾彻夜不眠地考虑扭转战局的方案，但是却找不到任何圆满解决的办法，美军仍然在德第15装甲师的防线前一筹莫展。巴顿不得不承认这样一个现实：是自己，拖了盟军的后腿。巴顿在写给妻子的信中说："我们正在努力争取在这场比赛中胜利抵达最后一座城市——墨西拿。"

英军的进展大大刺激了美国第7集团军。

"布莱德雷，蒙哥马利已经渡过了萨尔索河，正向北追击赫尔曼·戈林师。我们却还在这里停滞不前，不能总这样下去。"巴顿阴沉着脸说道。

"我考虑过了，将军，有一个办法我们不妨一试。"

"快讲，是什么？"

"我们可以使用在巴勒莫的小型海军部队，对北部沿海公路之敌的防御阵地实施'蛙跳'

式两栖攻击。"

"好！好！这个主意好！陆路行不通，我们就改由水路，这是我们的优势。"

"可是，这种行动是要担风险的啊，"布莱德雷担心巴顿会命令部队去实现力所不及的目标，提醒道，"我们必须严格控制行动的规模，否则部队会受到灾难性的挫折。"

"没有那么严重吧。"巴顿果然大大咧咧，仍然沉浸在热情之中。

在德军开始撤离特罗伊纳的那一天，巴顿将指挥所移到海边的一片橄榄树林，这里离前线更近了，已处于敌军炮火射程之内。指挥所刚安顿好，德军就开始炮击。弹片呼啸着从头顶上空飞过。参谋长盖伊有些着急：

"将军，我们是不是太靠前了？这太危险了。"

"不！只能这样。我必须尽可能地接近'蛙跳'进攻地点。"巴顿眼皮都不眨，但他内心并不平静。他焦虑的不是自己的危险处境，而是特拉斯科特的第3师进展缓慢。

8月7日，巴顿就迫不及待地策划了第一次水陆两栖包抄行动，巴顿命令第30步兵团第2营改编成一支小型的水陆两栖部队在圣阿加塔以东大约3公里的海岸登陆。第2营于夜间开始进攻，到8月8日凌晨4时，就把战线向东推移了近20公里，迫使德军不得不迅速后撤。

接着巴顿又策划第二次水陆两栖包抄行动，并在布莱德雷自己的指挥所一起拟定作战计划。经过酝酿、讨论，很快形成了登陆战斗的意图。其要点大致如下：行动目标是布罗洛，特拉斯科特率第3师步兵由陆路实施进攻，第2营在德军后方20公里的布罗洛强行登陆，届时两军会合，从侧翼包围德军在扎普拉河设置的下一个沿海公路屏障。之后，盟军就可沿海岸水陆齐进，冲向墨西拿，围歼西西里残敌，夺取西西里战役的彻底胜利。要实现这一作战计划，至少有两个困难问题亟待解决。

第一，特拉斯科特的第3师在前进中受阻，并遭到德军猛烈炮击。第15步兵团需要一队骡马才能通过这一带"险要的山谷"，以夺取拿索南面的山脊。

第二，战场地形引起的问题。在本部指挥所，巴顿能够用肉眼看见前线60毫米迫击炮，可以听见机关枪和步枪的声音，但是部队要抵达前线，却要耗去7个小时。

基于以上原因，布莱德雷和特拉斯科特研究后认为，水陆两栖也无济于事，除非和第3师的地面部队互相配合。

然而，巴顿固执己见。当布莱德雷离开橄榄树林之时，巴顿的口袋中已装上了不容争辩的作战命令。而作为军人，用巴顿的口头禅来说，是"以服从命令为天职"的。

10日下午，巴顿接到集团军副司令凯斯将军的电话。"将军"凯斯有些迟疑，"特拉斯科特要求你取消明天上午在敌后布罗洛的登陆计划。""为什么？"巴顿语调变得不耐烦起来。

"第3师未能赶上来支援。"

"计划不变，登陆必须进行。"巴顿扔下了电话，可电话铃声又响起来："将军，我是布莱德雷，第3师不能及时赶到，计划应推迟1天。""不行，不要再跟我争辩了，我马上到你那去。"巴顿立刻抛下手头的一切事情，驱车驶向布莱德雷的指挥所。因为他知道，时间是夺取胜利的重要因素。因为友军蒙哥马利已经由东海岸绕过埃特纳火山，面前的意大利军队已是不堪一击，他长枪直指墨西拿。巴顿认为计划不能再拖延了。

在布莱德雷的指挥所，巴顿和布莱德雷讨论登陆作战问题。巴顿再一次以不容争辩的语气告诉布莱德雷，必须按预定日期登陆。巴顿甚至许下诺言："此次战役若是打赢了，功劳归你；要是打输了，责任归我。这难道还不行吗？"面对几近请求的巴顿，布莱德雷感到实在难以拒绝。

特拉斯科特却不打算改变主见，晚7时45分他打电话给巴顿表明了自己的态度："强烈抗议继续登陆。""登陆继续进行！"巴顿又说了一遍。"那好吧，如果你坚持要干。"特拉斯科特无可奈何地回答。巴顿勃然大怒。如果不是约翰·卢卡斯少将在场，他忍不住又要破口大骂了。他通知盖伊将军准备好汽车，与卢卡斯一起以最快速度前往卡罗尼亚。伯纳德中校的登陆部队已经集合起来，待命上船。巴顿驶过那里时把盖伊留在港口，并严格命令他督促船只起航，盖伊只好下车留在拥挤喧闹的海滩上。

晚上8时45分，巴顿和卢卡斯走进了特拉斯科特的房间。特拉斯科特此时像一只笼中之狮，一幅地图夹在腋下，焦急地在办公室里踱来踱去。

戴维斯海军上校见气氛紧张，便抓住机会向巴顿求情："我们出发晚了一个小时，我们不可能在凌晨4时前到达海岸。"

"即使你们6时到不了，登陆也要进行。"巴顿转身盯着特拉斯科特："如果良心使你不愿执行这一行动，我就让别人来干。"

"这是你的权力。"特拉斯科特语气生硬，毫不让步。

"你害怕打仗吗？"巴顿变得温和一些，毕竟他面对的是最老和最好的朋友之一。但是这句话显然激怒了特拉斯科特。

"将军，我认为你这是在侮辱我，我并不是一个胆小鬼，你可以把我的师交给任何一个你喜欢的家伙。但是，你不会再找到像我这样能够执行他所不赞成的命令的人。"

"是的，他妈的，我并不想撤你的职，是我推荐授予你优质服务勋章和少将军衔的。这次行动如同一场比赛，怎么可随便延期呢？船只已经出发了。"

"可是，第3师必须在狭窄的通道上实施支援，有一段地带只能用骡马才能将大炮运过去，支援步兵。将军，我的步兵位置太偏西，是不能及时在布罗洛会合的。"

"如果步兵太偏西，你就应该赶到那里让他们快些。勇敢些，老朋友！拿酒来，让我们为这次战斗的胜利干一杯吧！"

两栖登陆战役终于在 8 月 10 日夜晚如期进行。由 1 艘巡洋舰和 3 艘驱逐舰掩护 2 艘坦克登陆舰、1 艘步兵登陆艇和 7 艘坦克登陆艇，运送伯纳德的第 2 营组成登陆编队计 650 人对罗布洛海滩实施袭击，正如布莱德雷和特拉斯科特所担心的那样，当伯纳德率领他的部队涉水冲上海滩时，特拉斯科特的步兵还远在 10 里之外。

巴顿的确是在冒险。戴维斯上校的预言变成了活生生的现实。在伯纳德冲上海滩 3 个小时后，即上午 7 时，伯纳德报告："情况不妙。"上午 9 时 30 分，德军开始反击。下午 1 时 40 分，伯德纳请求援助，但是第 7 步兵团和第 15 步兵团离指定位置还很远。下午 6 时 30 分，伯纳德命令部下给海军让路，这表明部队已经准备撤退了。巴顿面临着输掉这场战斗的危险。

幸运的是援军在紧急关头终于赶到并夺取了纳索山，从东坡下去与伯纳德会合。晚上 10 时，消息报到巴顿处。巴顿终于松了一口气。他整整一夜不曾合眼。这场战斗对于美军，对于他本人来说，关系实在重大。高兴之余，令巴顿讨厌的是，他的指挥所总是遭到德军的零星炮击。翌日凌晨，哈金斯上校给巴顿打来电话报捷，袭击获得圆满成功。

德军被迫放弃从加利到奥兰多角的新防线，迅即向东撤去，结果给兰达佐罗特将军的撤退造成混乱。第 29 装甲师急忙在罗特从兰达佐逃往北岸的必经之路——帕蒂的正前方构筑阵地。依托有利地形，德军不仅赢得了时间，而且保证了其撤退路线的畅通。

第二次两栖登陆行动就这样结束了，美军付出了高昂代价，伯纳德的 650 人损失了 177 人，伤亡率达 27%。战果是迫使德军提前一天放弃纳索山。实际上，这次作战差点将德军第 29 装甲师大部围

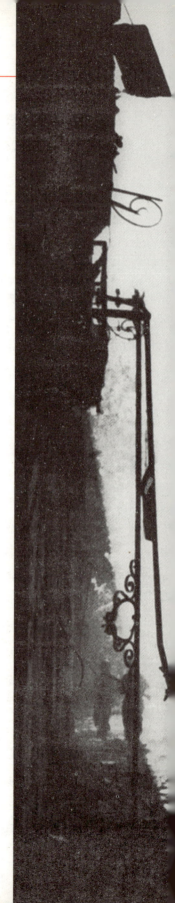

▶ 美军率先进入墨西拿。

歼，仅仅由于伯纳德部队规模大小，并且未能得到海上和空中的持续支援，赫布部队才未被切断。这次作战再次疏通了第3师的前进道路，打击了德军的士气。

但这次战斗的意义已由历史学家作出了结论。这是在海岸上进行的一次非常成功的登陆。德军失去了在西西里战役中防护墨西拿的最后一个防御阵地，至此，墨西拿已毫无屏障地裸露在巴顿的面前。巴顿的冒险成功了。

巴顿的两次两栖水陆突击行动，获得巨大成功。丘吉尔曾以赞美的口气谈到过此事："我们从来没有在任何一次进军中，成功地使用过这种海上攻击的策略。"然而，巴顿在西西里两次指挥这种海上侧翼包围，取得重要胜利。这场战争的胜利在整个战役中起着决定性的作用。

最有发言权的英国坎宁安海军上将谈到此事时说："许多理论可以证明这种海陆两栖作战是不合理的，但是事实证明这种战法可以节省许多时间并减少伤亡。只有陆军将领才能指挥这样的战斗，而海军只能配合。"

No.7 巴顿抢占墨西拿

之后的战斗变得简单明了，变成了巴顿和蒙哥马利之间行军速度的比赛，因为德、意军队的抵抗已微不足道。

特拉斯科特将军不敢有半点延误，敦促部队立刻追击第29装甲师。然而，第3师官兵在纳索山一战中消耗极大，难以恢复其东进的快速势头。在最后5天的迫击战中，速度明显减慢，并付出重大代价。第7步兵团报告，损失军官15人，士兵400人，各团大致都是这个数字。布莱德雷再次将经过休整的第1师投入战斗，与埃迪第9师协同作战，并肩攻击墨西拿之敌。

8月13日，德军为了避免被围歼的结局，挽救尽可能多的部队，第14坦克军军长赫布组织了有秩序的撤退，并在撤退途中逐次破坏了所有公路和桥梁，这样总是能抢先摆脱盟军的追击。

英美两军在埃特纳火山以北会师。此时，盟军在西西里岛上的总兵力已达到16.8万。

为了抢时间，巴顿又命令第45师的一个团准备进行第三次"蛙跳"式两栖进攻。巴顿这次扩大了登陆兵力的规模。

8月16日夜里，美军发起第三次两栖登陆战，第157步兵团在比沃萨利卡附近冲上滩头。除了因登陆艇故障损失11人外，登陆一帆风顺。持拉斯科特命令第157团上陆后派一个营随第7团前进，援助其占领墨西拿。

该营赶上第 7 团后，后者已经消灭了卡萨扎十字路口的德军后卫部队，并控制了俯瞰墨西拿的山岭。第 30 步兵团则越过第 7 团沿该岛东北端公路前进。这时，特拉斯科特命令 155 毫米炮连向海峡对面的意大利本土开火。

在东海岸公路，蒙哥马利的登陆部队赶上了德军正在撤退的后卫部队的尾巴，该部队将英军阻于斯卡莱塔正北。直到 8 月 16 日晚，德军再度开始向墨西拿撤退，英军两栖部队才得以前进，于 17 日白天抵达墨西拿以南 3 公里处，再次受阻。这次是因为桥梁被毁，深谷挡路。此时天已大亮，突击队队长决定乘坐吉普车绕过这个障碍，向墨西拿开进。他决心赶在美国人之前到达这个城市。

8 月 17 日上午 6 时 30 分，在最后一名轴心国士兵登上往意大利本土船只数小时后，美军第 3 步兵师抢在英军之前进入墨西拿。早晨该市的文职人员拟向特拉斯科特投降，但巴顿已下命令，待他进城后再受降。最后，第 3 师不得进入市区，德军残余部队从容撤离。布莱德雷对巴顿的妄自尊大颇为不满，自己先进城并在街道上迎接巴顿。

10 时 30 分，巴顿将军身着漂亮且整洁的军装，乘坐三颗银星的指挥车作为征服者驶入墨西拿城，他胸前挂着艾森豪威尔在此前一天刚刚颁发给他的第 2 枚优异服务勋章。巴顿终于抢在蒙哥马利的前头，为美国人及其军队赢得了战场上的荣誉。由于攻占了墨西拿，巴顿的功绩似乎把两次殴打士兵的事件给粉饰了。

西西里岛战役打出了美国陆军威风。美军陆军刚刚开始投入登陆作战还是十分陌生的，但美军陆军很快适应了战场环境，并比英军技高一筹。隆美尔就曾指出："最使人感到惊异的，却是美国人对于现代战争的适应速度实在是太快了。主要的原因是他们素来崇尚实用主义和物质主义，他们也一向不重视传统和无价值的理论。在极短的时间内，他们凭空建立了一支强大的陆军，在装备、武器和组织等方面，都达到了独步世界的标准。"凭良心说，美国人对于非洲战争的经验，所获得的益处似乎要远比英国人的大。美国陆军在作战中经常表现得比英军积极果敢，效果也要稍好一些。作为敌方著名将领，具有"沙漠之狐"之称的隆美尔对英美军队的这些评价是十分中肯的。

在巴顿将军的指挥之下，美国军队在此次作战中展示出巨大的战斗潜力，再也不会被别人视为能力有限的二流军队了。

10 时 30 分，一队英军也兴奋地进了城。一位英国军官走到巴顿面前，同他握了握手说："这是一场有趣的竞赛，我祝贺你的成功。"巴顿赢得竞赛的胜利。巴顿变助攻为主攻，抢在蒙哥马利之前拿下墨西拿，一洗英国宣传机器的奚落和咒骂。蒙哥马利简直气疯了，德军撤退时破坏了所有的公路，造成英军和德军主力激战一个多月，伤亡惨重，结果被美军夺了头

▲ 西西里民众欢迎盟军的到来。

功。想到胜利的荣誉和丰富的战利品都被巴顿夺走，还要去看巴顿那张骄横的、充满嘲笑和讥讽的脸，蒙哥马利实在咽不下这口气。

　　为了向世人表明，攻克西西里岛的主要功绩是英军的，英军在进入墨西拿时举行了盛大的入城式，蒙哥马利走在穿着苏格兰短裙的仪仗队的最前列，大摇大摆地进了城，仿佛是毫不客气地向巴顿示威：我才是真正的胜利者！

　　西西里岛战役的有趣之处在于，德意军队的目标是大规模撤出所有的守军部队，而盟军中两个陆军司令官巴顿与蒙哥马利更加关注谁最先攻占墨西拿，对于消灭多少德意军队根本不感兴趣。在这场赌博中，德意军队完成了自己的任务，巴顿也实现了自己的目标，损失最大的是蒙哥马利，不仅北非战场赢得的光环变得暗淡，而且还不得不一再为自己的居心不良进行辩护。

由于巴顿抢先一步进入了墨西拿，成为盟军将领中最耀眼的明星，而蒙哥马利则没有得到一点点荣誉。当时一向公正的艾森豪威尔也认为：蒙哥马利太过于"小心谨慎"，假如他对埃特纳火山上的敌防御部队进行勇猛的正面攻击，有可能先于巴顿抵达墨西拿。而蒙哥马利对于别人批评辩解道：这是胡说八道。应当让持这种批评态度的人到灼热的灰尘滚滚的卡塔尼亚服役几个星期，然后让他们爬上山去向巧妙地部署在山坡缝隙阵地上的德国伞兵部队发动进攻。在这里，第8集团军实施事先精心部署的进攻，从后勤保障方面来说实际上是不可能的，从作战上说也肯定是行不通的。顺便说一下，要是这些批评者患过疟疾，那他们可能会懂事一些。在西西里战役患疟疾的数字，美第7集团军约8,375名；英第8集团军约9,000名。艾森豪威尔后来经与亚历山大和蒙哥马利进行讨论后，蒙哥马利仍坚持认为："当时我认为，现在我仍然认为，用7月中旬我们所拥有的兵力兵器对埃特纳火山的敌人阵地发动正面进攻将要遭到失败。"

当天，岛上的一切抵抗均告停止，盟军随即占领全岛。历时38天的西西里岛之战至此结束。盟军占领了西西里岛，从此在地中海往来无阻，打开了登陆欧洲的大门。

此役中，德军约8,000人阵亡，被俘约5,500人，伤约13,500人，但大部分伤员都随主力撤回到意大利。意军有约20万人投降或被俘。德意军损失潜艇10艘，飞机约740架。盟军阵亡7,800余人，伤14,400余人，失踪2,870人。缴获坦克250辆，火炮500门，飞机110架。损失驱逐舰2艘、坦克登陆舰4艘、医院船1艘、运输船11艘，飞机375架，火炮250门。精确计算多少意大利人在战役中伤亡是很困难的，不过应该远远少于战前估计的约8万人的伤亡数字，但这仍然是个可怕的数字。

西西里岛战役，使巴顿声名鹊起，威名远播，一举列入"二战"的名将序列。战役结束之时，他又开始激励他心爱部队：

第7集团军全体官兵：

你们跨海而来，在接受血的洗礼后戴上了胜利者辉煌的王冠。经过38天不辞辛劳地连续作战，你们在战争史上写下了光辉的新篇章。

冒着敌人最猛烈的炮火，你们所向披靡。你们攻克巴勒莫的惊人速度与夺取特罗伊纳和墨西拿时的英勇顽强相得益彰。

我军的每一位官兵都功不可没。攻城拔寨的不休战火映衬着步兵的勇敢和坦克部队的刚猛。

工兵部队在艰险地带奇迹般地筑修通途。后勤部队战功卓绝。通信部队架设了 50 万公里长的线路，救生单位救治了我们的伤员病号。

海军在各种情况下给予了我们无私无畏的支援。在整个行动中，海军控制着天空，坚持不懈地配合地面部队。

正是由于你们的并肩作战，敌军 113,350 名士兵被歼被俘，265 辆坦克、2,324 辆汽车和 1,162 门大炮被摧毁，此外还有数百吨军用物资被缴。

但你们的胜利远远超越了这些数字统计。你们重创了敌人的军威。

美国总统、陆军部长、总参谋长、艾森豪威尔将军、亚历山大将军以及蒙哥马利将军都向你们表示祝贺。

你们将英名永存。

美国陆军乔治·巴顿司令

▼ 德军官兵在观察美军的炮击。

简评

西西里岛登陆战役是英美在第二次世界大战中继北非登陆后联合进行的第二次大规模登陆，也是第二次世界大战中规模最大的登陆战之一。也许在整个欧洲战场上，现在它的战略影响一直处于诺曼底登陆战役的阴影中，但在诺曼底战役发起前曾是盟军发起的最大的两栖登陆作战，并且第一天投入登陆师的数量和登陆面积都远远大于诺曼底登陆。战役第 1 梯队共有 8 个师同时登陆，登陆正面宽 160 余公里；西西里岛登陆是在不良水文气象条件下进行的夜间海空联合登陆，是首次进行由岸到岸的登陆和大规模空降，是一次考验，是一场总演习，为尔后跨过英吉利海峡的诺曼底登陆战役提供许多宝贵的经验与教训。

盟军以损失微小的代价实现了"爱斯基摩人"战役的大部分目标，占领了西西里全岛，使同盟国在地中海的交通线安全得到保障。西西里岛登陆战役的胜利，促使墨索里尼垮台，极大地提高了同盟国在中立国家心目中的地位。

由于西西里岛被盟军占领，德国人彻底丧失了在地中海的制海和制空权，地中海实际上又成了英国的"内湖"。虽然英美首脑在上次华盛顿会谈中，已决定于 1944 年在法国"开辟第二战场"，但丘吉尔见这次西西里岛战事顺利，又要求美国重新考虑他的"巴尔干方案"，即首先占领罗马，向意大利北部挺进，然后在巴尔干的南斯拉夫、阿尔巴尼亚和希腊登陆，他认为，"我们为什么要像蜘蛛一样顺着意大利靴形半岛的脚尖往上爬到法国去呢？打击它的膝部岂不更好"。然而，罗斯福和美国的战略家们见到苏军自 1943 年初的冬季攻势以来，"苏联人不停地向西推进"，担心苏联人首先进入柏林，不但会减损美军在大战中的荣誉，还会削弱未来战后美国在中西欧的地位，因而坚持华盛顿会议作出的决定不容变更。美国军方还认为，从法国东北通往柏林和其他重要经济中心的路总共只有 600 ～ 700 公里，是进攻德国的一条捷径，而从意大利到德国边境要走 1,200 公里的路，从巴尔干则有 1,700 公里。向巴尔干和意大利进攻，离德国最重要的政治经济和军事战略中心很远，而且西欧的地形、地理条件对军事行动比意大利和巴尔干有利得多，法国北部、比利时、荷兰的稠密道路网能够保障大部队顺利运动。这样，丘吉尔的计划没有被采纳。使西西里岛登陆战役的后期战果没有诺曼底登陆战役显赫。由于战略价值偏低，影响了其在世界战争史中的地位。

图书在版编目（CIP）数据

横扫西西里/二战经典战役编委会编译 . — 北京：
中国铁道出版社，2016.6（2022.1 重印）
（时刻关注）
ISBN 978-7-113-21702-0

Ⅰ.①横… Ⅱ.①二… Ⅲ.①美英联军西西里岛登陆

作战（1943）—通俗读物 Ⅳ.① E195.2-49

中国版本图书馆 CIP 数据核字（2016）第 079826 号

书　　名：**横扫西西里**

作　　者：二战经典战役编委会

责任编辑：田　军　　　　　　　　电　话：(010) 51873005

编辑助理：曾山月

装帧设计：艺海晴空

责任印制：赵星辰

出版发行：中国铁道出版社有限公司（北京市西城区右安门西街 8 号　邮编 100054）

印　　刷：永清县晔盛亚胶印有限公司

版　　次：2016 年 6 月第 1 版　　　　2022 年 1 月第 2 次印刷

开　　本：787mm×1092mm　 1/16　 印张：12　 字数：300 千字

书　　号：ISBN 978-7-113-21702-0

定　　价：39.80 元